Linie 1

Deutsch in Alltag und Beruf

Kurs- und Übungsbuch A1.1

mit Video und Audio auf DVD-ROM

Susan Kaufmann
Ulrike Moritz
Margret Rodi
Lutz Rohrmann
Ralf Sonntag

Klett-Langenscheidt

München

Von
Susan Kaufmann, Ulrike Moritz, Margret Rodi, Lutz Rohrmann, Ralf Sonntag
in Zusammenarbeit mit Eva Harst
Lisa Göbel: Phonetik
Theo Scherling: Video-Clips, Drehbuch

Projektleitung: Annalisa Scarpa-Diewald
Redaktion: Annalisa Scarpa-Diewald, Anne-Kathrein Schiffer, Anna Weininger
Gestaltungskonzept und Layout: Britta Petermeyer, Snow, München
Umschlagsgestaltung: Studio Schübel, München
Coverfoto: © Fotolia.com – Monkey Business und goodluz
Illustrationen: Hans-Jürgen Feldhaus, Feldhaus Text & Grafik, Münster

Fotoarbeiten: Hermann Dörre, Dörre Fotodesign, München
Fotomodelle: Jenny Roth, Benedikt Gradl, Helge Sturmfels, Anna Preyss, Christian Mathes, Sergio Lupia, Mônica Krausz-Bornebusch, Rosana Fußeder, Leila Almeida Forgas, Benjamin Stadler, Berthold Götz, Werner, Marco und Sarah Diewald, Petra Schwinghammer, Sabrina und Sara Cherubini, Eva und Rainer Grohmann, Christina, Bruno und Florian Marano

Für die Audios:
Tonstudio: Plan 1, München
Musik: Annalisa Scarpa-Diewald, Berthold Götz
Aufnahme, Schnitt, Mischung: Christoph Tampe
Sprecher und Sprecherinnen: Peter Veit, Ulrike Arnold, Jenny Stölken, Anna Preyss, Anna Weininger, Christina Jokl, Leila Almeida Forgas, Günther Rehm, Helge Sturmfels, Florian Marano, Christian Mathes, Timo Thiemann, Annalisa Scarpa-Diewald, Sarah, Marco und Werner Diewald, Nikola Lainović, Anne-Kathrein Schiffer, Alexandre Müller

Für die Videos:
Produktion: Bild & Ton, München
Regie: Theo Scherling

Verlag und Autoren danken Stefanie Dengler, Ludwig Hoffmann, Beate Meyer, Anna Pilaski, Renato F. da Silva und allen Kolleginnen und Kollegen, die mit wertvollen Anregungen zur Entwicklung des Lehrwerks beigetragen haben. Wir danken außerdem dem Lebensmittelmarkt Feneberg (München), dem Café-Bistro Amadeus (München) sowie allen Kollegen und Kolleginnen für ihre freundliche Unterstützung bei den Fotoaufnahmen.

Linie A1 – Materialien

Kurs- und Übungsbuch A1.1 mit Audios und Videos auf DVD-ROM	607050	Intensivtrainer A1	607059
		Testheft mit Audio-CD A1	607060
Kurs- und Übungsbuch A1.2 mit Audios und Videos auf DVD-ROM	607053	Audio-CDs A1.1	607052
Kurs- und Übungsbuch A1 Gesamtband mit Audios und Videos auf DVD-ROM	607055	Audio-CDs A1.2	607054
		Audio-CDs A1	607056
Linie 1 Digital A1	607058	DVD A1	607057
Lehrerhandbuch A1	607061	Wortschatz-App, Glossure	

Audio-Dateien zum Download unter www.klett-sprachen.de/linie1/audioA1   Code: L1-a1&Sa
Video-Dateien zum Download unter www.klett-sprachen.de/linie1/videoA1   Code: L1-a1&dv

Besuchen Sie uns auch im Internet: www.klett-sprachen.de/linie1

1. Auflage   1⁶ ⁵ ⁴ ³ ² ¹ | 2018 17 16 15

© 2015 Klett-Langenscheidt GmbH, München

Satz und Repro: Franzis print & media GmbH, München
Druck und Bindung: Print Consult GmbH, München

ISBN 978-3-12-607050-8

FSC MIX
Papier aus verantwortungsvollen Quellen
www.fsc.org FSC® C084279

* Lernziel des Rahmencurriculums für Integrationskurse „Deutsch als Zweitsprache"

*Lernziel des Rahmencurriculums für Integrationskurse „Deutsch als Zweitsprache"

Linie 1 – aktiv und sicher zum Lernerfolg

Ziele

Linie 1

→ stellt das Sprachhandeln in den Vordergrund und macht so fit für Alltag und Beruf.

→ trainiert gezielt alle Fertigkeiten: Hören, Sprechen, Lesen und Schreiben.

→ bietet eine sanfte Grammatikprogression und eine systematische Ausspracheschulung.

→ unterstützt den Unterricht mit heterogenen Lerngruppen.

→ orientiert sich am „Gemeinsamen Europäischen Referenzrahmen für Sprachen" (GER) sowie am „Rahmencurriculum für Integrationskurse Deutsch als Zweitsprache".

Der Gesamtband A1 führt zum Niveau A1 und bietet Material für ca. 160–200 Unterrichtsstunden.

Struktur Kursbuch und Übungsteil

Linie 1 hat auf jeder Niveaustufe

→ 16 Kapitel mit Kursbuch und Übungsteil,

→ 8 Haltestellen mit einem Angebot zur spielerischen Wiederholung und zur Prüfungsvorbereitung,

→ eine alphabetische Wortliste,

→ einen Grammatiküberblick im Anhang.

Aufbau der Seiten

Die **Einstiegsseiten** führen in das Kapitelthema ein und präsentieren Lernziele, Wortschatz und wichtige Redemittel.

Auf **3 Doppelseiten** werden die sprachlichen Schwerpunkte des Kapitels in mehreren Lernsequenzen erarbeitet und gefestigt. Alle vier Fertigkeiten werden ausgewogen geübt.

In den **Rückschauseiten** wird der Lernerfolg gesichert „Das kann ich" und die Grammatik zusammengefasst „Das kenne ich".

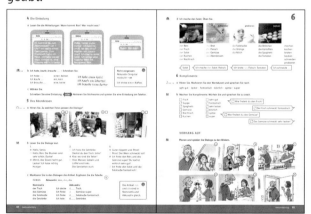

Die Übungsteile schließen direkt an die Kursbuchkapitel an und folgen in der Nummerierung dem Kursbuchteil.
Zu jeder Aufgabe im Kursbuchkapitel gibt es vertiefende Übungen im Übungsteil.

6 Freizeit

a Hören Sie. Welches Geräusch passt wo?

Kursbuch

6 Freizeit

a Welche Freizeitaktivitäten finden Sie? Notieren Sie.

Übungsteil

Didaktische Konzeption

- Handlungsorientierte Aufgaben bereiten die Lernenden auf **Alltag und Beruf** vor.
- Die Lernsequenzen schließen mit **UND SIE?**-Aufgaben ab, in denen die Lernenden über sich selbst sprechen können.
- Die Rubrik **VORHANG AUF** bietet die Möglichkeit, das Gelernte spielerisch und dialogisch zu aktivieren.
- Die Lernsequenzen sind als kleine Szenarien strukturiert, in denen alltägliche Kommunikationssituationen geübt werden.

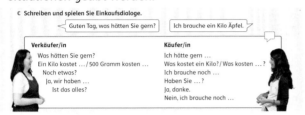

- Die **Grammatikerarbeitung** erfolgt nach den Prinzipien des entdeckenden Lernens.

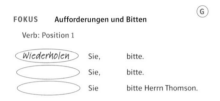

- Die Aufgaben zur **Aussprache** sind in die Lernsequenzen integriert.

- Die **Landeskunde** in den „Haltestellen" bezieht Wortschatz aus den **D-A-CH**-Ländern ein.
- **Spielerische Aktivitäten** gibt es in den Kapiteln und in den „Haltestellen".

- Wiederkehrendes **Kapitelpersonal** bietet die Möglichkeit zur Identifikation.

- **Lerntechniken** werden in den Kapiteln und auf der letzten Seite des Übungsteils vermittelt.

- **Rechtschreibung** wird von Anfang an gezielt geübt.

RICHTIG SCHREIBEN

i oder *ü*? Hören Sie und ergänzen Sie.

Ich frühst_cke morgens _m B_ro.
Am M_ttwoch fr_h _sst sie ein M_sl_ .

- Das **Testtraining** in den „Haltestellen" bereitet auf die Prüfung *Start Deutsch 1* vor.

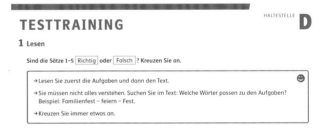

- **Binnendifferenzierung** erfolgt durch Wahlmöglichkeiten nach Lerntyp, Interessen, Lerntempo usw.

c Antworten Sie Roman. Machen Sie zuerst Notizen. Wählen Sie.

Symbole

Herzlich willkommen!

1 Begrüßungen

a Sehen Sie die Fotos A–D an. Wie begrüßt man sich in Deutschland? Ein Foto passt nicht. Kreuzen Sie an (x).

🎧 1.2–3 **b** Hören Sie. Ordnen Sie die Sprechblasen den Fotos A oder D zu.

> Guten Tag! Das ist Herr Puente aus Spanien. Und das ist Frau Dumitru aus Rumänien. ①

> Hallo, Eleni. ②

> ③ Hallo, Pablo.

> ④ Herzlich willkommen! Guten Tag, Frau Dumitru!

c Begrüßen Sie sich im Kurs.

> Guten Tag, Frau Güler.

> Guten Tag, Herr Sabatini.

> Hallo, Kisi.

> Hallo, Murat.

Lernziele

Sprechen sich begrüßen und verabschieden; sich mit Namen, Adresse und Wohnort vorstellen; eine andere Person vorstellen; buchstabieren; nach Namen, Herkunft und Wohnort fragen; die Telefonnummer sagen | **Hören** Angaben zu Herkunft und Wohnort | **Schreiben** ein Formular ausfüllen | **Lesen** ein Anmeldungsgespräch | **Beruf** sich in der Firma anmelden

2 Der erste Kurstag

∩ 1.4 **a** Lesen und hören Sie die Dialoge. Sprechen Sie.

Guten Tag, ich heiße Pablo Puente. Wie heißen Sie?

Guten Tag, ich heiße Maria Canale.

Guten Tag, ich heiße Anne Dahms. Wie heißen Sie?

Guten Tag, ich heiße Eleni Dumitru.

∩ 1.5 **b** Hören Sie und sprechen Sie nach.

Gute nacht: good night

[die-feminine

Guten Morgen. *morning*

Guten Tag. *day*

Guten Abend. *evening*

Tschüs. *see ya*

Auf Wiedersehen.

c Fragen und antworten Sie. Variieren Sie die Tageszeiten.

Wie heißen Sie?

Guten Morgen, ich heiße …

Tschüs.

Guten Tag, ich heiße …

Auf Wiedersehen.

Guten Abend, ich heiße …

K1–1 **3 Ich, du und Sie**

1.6–7 **a** Hören Sie. Ordnen Sie die Dialoge den Fotos zu.

 A ☐

 B ☐

Dialog 1

● Guten Tag. Ich heiße Gabriele Bauer. Und Sie?
○ Guten Tag. Ich heiße Pablo Puente.
● Und Sie? Wie heißen Sie?
◑ Ben Bieber.
● Ah, Sie sind Herr Bieber!

Dialog 2

● Hallo, ich bin Ben. Und wer bist du?
○ Hallo, Ben! Ich heiße Eleni.
◑ Hallo, Eleni. Ich bin Maria.
○ Entschuldigung, wie heißt du?
◑ Maria.
○ Hallo, Maria.

excuse me

b Markieren Sie in 3a *ich*, *du* und *Sie* und das Verb wie im Beispiel.

c Was passt: *ich*, *du* oder *Sie*? Ergänzen Sie die Lücken.

● Wie heißen .... ?   ● Wer bist .... ?

○ .... heiße Pablo Puente.   ○ .... bin Eleni.

d Lesen Sie die Dialoge aus 3a noch einmal. Ergänzen Sie die Tabelle.

Ⓖ

FOKUS   Verben und Personalpronomen

	heißen	sein
ich	*heiße*	....
du	....	*bist*
Sie	....	....

1.8 **e** Aussprache: Satzmelodie – Hören Sie zu und sprechen Sie nach.

Ich heiße Anne Dahms. ↘   Wie heißen Sie? ↘
Ich heiße Ben. ↘   Wer bist du? ↘

> Ich heiße ...

> Guten Tag. Wie heißen Sie?

UND SIE?

Sie oder *du*? Schreiben und spielen Sie Dialoge.

4 Woher kommst du?

a Ländernamen – Welche kennen Sie?
Markieren Sie.

die USA Ägypten Nigeria Marokko China Kenia
Spanien Italien Rumänien
Mali Bulgarien Polen die Ukraine Deutschland
der Libanon die Türkei
Algerien Österreich Griechenland die Schweiz
Austria Serbien Russland
Chile Ungarn Brasilien Kroatien
Hungary Syrien Indien

🎧 1.9–13 **b** Hören Sie. Woher kommen die Personen? Ordnen Sie zu.

Name	Land	Stadt
1 Eleni Dumitru	*3* Syrien	*1* Deva
2 Dana Nowak	*4* die USA	*3* Lublin
3 Amir Mazaad	*2* Polen	*5* Chennai
4 Ben Bieber	*1* Rumänien	*2* Tartus
5 Noor Goyal	*5* Indien	*4* Chicago

c Länder- und Städtenamen im Kurs – Sammeln Sie.

> Ich komme aus Syrien, aus Tartus. Woher kommst du?

> Ich komme aus …

> Ich komme aus Istanbul, und du?

> Aus Ankara.

Woher? *Where from*   where do you come from? 😊

kommen aus
aus Spanien
aus **der** Türkei
aus Ankara
…

5 Buchstabieren

🎧 1.14–15 **a** Buchstabieren mit Musik – Wählen Sie.

Hören Sie und sprechen Sie mit.   ◄ oder ►   Hören Sie und singen Sie mit.

ah be ce de eh ef ge   äh

ha ih jot ka el em en oh pe   öh

qu er es te uh vau we   üh

ix ypsilon zet   ß eszet

b Ratespiel – Buchstabieren Sie Ländernamen. Raten Sie.

> I-n-d …

> Indien

wohne in - live in

6 Wo wohnst du jetzt?

1.16 – 17 **a** Hören Sie die Dialoge. Wer sagt das? Notieren Sie die Namen.

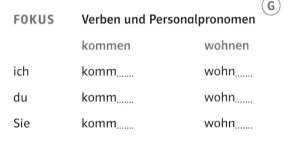

1. Ich wohne jetzt in München-Pasing.

i live in

2. Ich komme aus León.

I'm from

b Lesen Sie die Dialoge laut.

Dialog 1
- Woher kommen Sie, Frau Dumitru?
- Ich komme aus Rumänien, aus Deva.
- Und wo wohnen Sie jetzt?
- Ich wohne in München. Und Sie, Frau Dahms?
- Ich komme aus Berlin und wohne jetzt in München-Pasing.

Dialog 2
- Hallo, ich bin Pablo und wer bist du?
- Ich heiße Dana. Ich komme aus Lublin. Das ist in Polen. Woher kommst du?
- Ich komme aus León, Spanien.
- Und wo wohnst du jetzt?
- In München.

c Markieren Sie die Verben in 6b. Ergänzen Sie die Formen von *kommen* und *wohnen* in der Tabelle.

(G)

FOKUS	Verben und Personalpronomen	
	kommen	wohnen
ich	komm......	wohn......
du	komm......	wohn......
Sie	komm......	wohn......

Wo?	wohnen in
	in München
	in Österreich
	…

K1–2 **7 Das ist Pablo, das ist Dana.**

a Lesen Sie die Texte. Ergänzen Sie die Tabelle.

Das ist Pablo. Er kommt aus Spanien, aus León. Er wohnt jetzt in München.

Das ist Dana. Sie ist aus Lublin. Das ist in Polen. Sie wohnt jetzt in Deutschland.

(G)

FOKUS	Verben und Personalpronomen			
	kommen	wohnen	heißen	sein
er (Pablo) / sie (Dana)	komm........	wohn........	heißt	....

b Ergänzen Sie die Sätze.

Das ist Ben. Er .... aus den USA. .... wohnt jetzt in München.

Das ist Eleni. Sie .... in Deutschland. .... kommt aus Rumänien.

UND SIE?

**Wer? Wie? Woher? Wo? –
Fragen Sie drei Personen und stellen Sie sie vor.
Machen Sie eine Kursliste.**

TO register ~~an~~ *on*

8 Anmeldung in der Firma

🎧 1.18   **a** Hören Sie. Welches Foto passt? Kreuzen Sie an.

 Ⓐ ☐

 Ⓑ ☐

b Hören Sie noch einmal und lesen Sie mit. Ergänzen Sie das Formular.

- ● Wie ist Ihr Familienname?
- ○ Dumitru.
- ● Wie schreibt man das, bitte?
- ○ D-u-m-i-t-r-u.
- ● Und wie ist Ihr Vorname?
- ○ Eleni: E-l-e-n-i.
- ● Woher kommen Sie? *Woher*
- ○ Aus Rumänien.
- ● Wo wohnen Sie?
- ○ Hier in München, Blumenstraße 4.
- ● Wie ist Ihre Postleitzahl?
- ○ 80331.
- ● Wie ist Ihre Telefonnummer?
- ○ 089 63822392.
- ● Danke, Frau Dumitru. Auf Wiedersehen.
- ○ Auf Wiedersehen.

company

K&L – Dienstleistungen GmbH

family name — Familienname   *Dumitru* _____

1st name — Vorname — *Vorname* _____

where come from country — Herkunft (Land) _____

Adresse

street/ street # — Straße/Hausnummer   *Blumenstraße* _____

zip code Postleitzahl/Ort _____

telephone Telefon _____

🎧 1.19   **c** Zahl und Wort von 0 bis 10 – Hören Sie und lesen Sie. Zählen Sie dann laut.

| 0 null | 1 eins | 2 zwei | 3 drei | 4 vier | 5 fünf |

| 6 sechs | 7 sieben | 8 acht | 9 neun | 10 zehn |

UND SIE?

Wie ist Ihre Postleitzahl und wie ist Ihre Telefonnummer? Fragen und antworten Sie.

‹ Wie ist Ihre Postleitzahl? › ‹ 80331. › ‹ Wie ist Ihre Telefonnummer? › ‹ 089 63822392. ›

9 Fragen und Antworten

a Sammeln Sie drei Fragen und drei Antworten
aus Kapitel 1. Wo steht das Verb? Markieren Sie.

Wie heißen Sie?

b Ergänzen Sie die Tabelle.

G

FOKUS	W-Fragen		Antworten	
	Verb: Position 2		Verb: Position 2	
Wie	(*heißen*)	Sie?	Ich (*heiße*)	Osman.
Woher	( )	....	Ich ( )	....
Wo	( )	....	Ich ( )	....

c Lebende Sätze – Spielen Sie.

1. aus Polen / Dana / kommt / .
2. Ihr Familienname / ist / Wie / ?
3. wohnst / Wo / du / ?
4. wohne / Ich / in Deutschland / .
5. kommen / Woher / Sie / ?
6. heiße / Helge / Ich / .

Am Satzanfang 😊
schreibt man **groß**.
Wie heißt er?
Er heißt Pablo.

🎧 1.20 **d** Ergänzen Sie den Dialog. Hören Sie zur Kontrolle.

Pablo, also P-a-b-l-o?

Und wie ist Ihr Familienname?

Wie ist Ihre Telefonnummer?

Wo wohnen Sie?

Guten Tag, wie heißen Sie, bitte?

● Guten Tag.

○ ....

● Pablo, Pablo Puente.

○ ....

● Ja, richtig.

○ ....

● Puente. Ich buchstabiere: P-u-e-n-t-e.

○ ....

● Gräfstraße 10, in München.

○ ....

● Meine Telefonnummer ist …

e Spielen Sie Dialoge wie in 9d.

K1 **VORHANG AUF**

Spielen Sie Dialoge zu den Bildern.

A

Ich komme aus …
und wohne jetzt in …
Und du?

B

C

**Multilingua
Anmeldung**

Familienname: …
Vorname: …
Herkunft (Land): …
Wohnort: …
Telefonnummer: …
…

ÜBUNGEN

1 Begrüßungen

🎧 1.21 **Hören Sie. Ergänzen Sie die Sprechblasen.**

> Herzl_i_ch w__llk__mm__n!

> G_uten_ Tag, F......... Dumitru.

> G................. Tag, H.......... Puente.

> H...................., Pablo.

> H...................., Eleni.

2 Der erste Kurstag

🎧 1.22 **a Hören Sie. Wer ist das? Kreuzen Sie an.**

Dialog 1
- [X] Herr Puente und Frau Dahms.
- [ ] Frau Dumitru und Herr Puente.

Dialog 2
- [ ] Frau Dahms und Herr Puente.
- [ ] Herr Puente und Frau Canale.

b Schreiben Sie die Dialoge.

Dialog 1
- ● guten/tag,/ichheißepablopuente.
  wieheißensie?
- ○ gutentag,ichheißeannedahms.

- ● _Guten Tag, ich heiße Pablo Puente._
  Wie heißen Sie?

- ○ ....

Dialog 2
- ● gutenabend,ichheißepablopuente.
  wieheißensie?
- ○ gutenabend,ichheißemariacanale.

- ● ....
  ....

- ○ ....

c Ergänzen Sie die Sprechblasen.

Auf Wiedersehen.   Guten Abend.   Tschüs.   ~~Guten Morgen.~~

> Guten Morgen.

3 Ich, du und Sie

🎧 1.23 **Ergänzen Sie die Dialoge. Hören Sie zur Kontrolle.**

Dialog 1

● Guten Tag. I*ch* heiß_____ Bieber. Und S_____?

○ I_____ heiß_____ Koslowski.

● Ah, S_____ s_____ H_____ Koslowski!

Dialog 2

● Hallo, ich b_____ Eleni. Und wer b_____ d_____?

○ Hallo, Eleni! I_____ b_____ Maria.

● Entschuldigung, wie heiß_____ d_____?

○ Maria.

4 Woher kommst du?

a Ländernamen – Schreiben Sie.

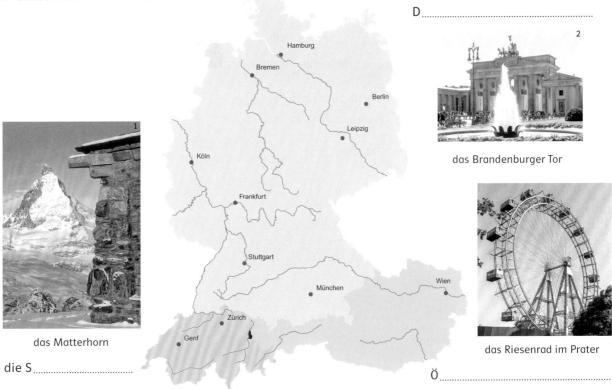

das Matterhorn

die S_____

D_____

das Brandenburger Tor

das Riesenrad im Prater

Ö_____

🎧 1.24 **b Hören Sie. Was passt: a oder b? Kreuzen Sie an.**

1. Woher kommst du?
   a Ich komme aus Indien.
   b Ich komme aus Syrien.

2. Woher kommst du?
   a Ich komme aus Ankara.
   b Ich komme aus Istanbul.

3. Woher kommen Sie?
   a Ich komme aus München.
   b Ich komme aus Berlin.

5 Buchstabieren

🎧 1.25 **a Hören Sie. Schreiben Sie die Namen.**

1. ⬜⬜⬜⬜⬜⬜

2. ⬜⬜⬜⬜⬜⬜⬜⬜

3. ⬜⬜⬜⬜⬜⬜

4. ⬜⬜⬜⬜⬜⬜⬜⬜

🎧 1.26 **b Ergänzen Sie. Hören Sie zur Kontrolle.**

Österreich   die Schw___z   D___tschland   die T_rkei   Rum_nien   S_rien

6 Wo wohnst du jetzt?

a Ergänzen Sie den Dialog. Hören Sie zur Kontrolle.

wohnen Sie   ~~kommen Sie~~   wohne in   wohne in
komme aus   komme aus

● Guten Tag, Frau Dahms, woher _kommen Sie_?

○ Ich .... Deutschland,

aus Berlin.

● Und wo .... jetzt?

○ Ich .... München.

Und Sie, Frau Nowak?

● Ich .... Polen und

.... München.

b Schreiben Sie den Dialog. Hören Sie zur Kontrolle.

● Ich komme aus Chicago, USA.

● Hallo, ich bin Ben. Und wer bist du?

● In München.

○ Ich heiße Eleni. Ich komme aus Deva.
Das ist in Rumänien. Woher kommst du?

○ Und wo wohnst du jetzt?

Hallo, ich bin Ben ...

c Ergänzen Sie die Verben.

Dialog 1
● Wie heiß_t_ du?
○ Ich heiß............ Dana.
● Woher komm_st_ du?
○ Ich komm............ aus Polen.
● Wo wohn............ du?
○ Ich wohn............ in München.

Dialog 2
● Wie heiß............ Sie?
○ Ich heiß............ Ben Bieber.
● Woher komm............ Sie?
○ Ich komm............ aus den USA.
● Wo wohn............ Sie?
○ Ich wohn............ in München.

d Und Sie? Antworten Sie.

● Wie heißen Sie?

○ ....

● Woher kommen Sie?

○ ....

● Wo wohnen Sie?

○ ....

7 Das ist Pablo, das ist Dana.

a Schreiben Sie Sätze.

1. das/ist/frau/dahms./sie/kommt/aus berlin./sie/wohnt/jetzt/in/münchen.

Das ist Frau Dahms. Sie kommt aus Berlin. Sie wohnt jetzt in München.

4. dasistbenbieber.erkommtaus chicago.erwohntinmünchen.

....

....

....

2. dasisthoorgoyal.siekommtausindien. siewohntindeutschland.

....

....

....

5. dasistelenidumitru.siewohntin münchen.siekommtausrumänien.

....

....

....

3. dasistfraunowak.siekommtauspolen, auslublin.siewohntinmünchen.

....

....

6. dasistamirmazaad.erwohntin münchen.erkommtaussyrien.

....

....

b Ergänzen Sie die Verben.

1.

Das ist Angela Merkel.

Frau Merkel komm.t....

aus Brandenburg.

Sie wohn...... in Berlin.

2.

● Wie heiß......... Sie?

○ Ich heiß...... Sebastian

   Vettel.

● Woher komm......... Sie?

○ Ich komm...... aus

   Deutschland. Ich

   wohn...... in der

   Schweiz.

3.

● Hallo! Wer b................

   du?

○ Ich b......... Heidi.

   Ich komm...... aus

   der Schweiz.

4.

Er heiß...... Arnold

Schwarzenegger.

Er komm...... aus

Österreich, aus Thal.

Er wohn...... in

Kalifornien.

8 Anmeldung in der Firma

a Und Sie? Ergänzen Sie das Formular.

Kurs GmbH

Familienname	....
Vorname	....
Herkunft (Land)	....
Adresse:	
Straße/Hausnummer	....
Postleitzahl/Ort	....
Telefon	....

b Zahlen 0 bis 10 – Schreiben Sie Zahlen zu den Wörtern.

_6_ sechs   .... eins   .... zehn   .... zwei   .... neun

.... drei   .... acht   .... vier   .... sieben   .... fünf

🎧 1.29 **c** Hören Sie und ergänzen Sie die Wörter. Zählen Sie laut.

n_u_ll • __ns • zw__ • dr__ • v__r • f_nf • s_chs • s__ben • _cht • n__n • z_hn

🎧 1.30 **d** Wie ist die Telefonnummer? Hören Sie und notieren Sie.

a) _06_ ....   c) ....

b) ....   d) ....

9 Fragen und Antworten

a Lesen Sie die Fragen. Welche Antwort passt: a oder b? Kreuzen Sie an.

1. ● Woher kommt Dana?
   ⓐ ○ Ich komme aus Polen.
   ⓑ ⊗ Sie kommt aus Polen.

2. ● Wie heißt du?
   ⓐ ○ Ich bin Frau Dumitru.
   ⓑ ○ Eleni.

3. ● Wo wohnt Pablo?
   ⓐ ○ Er wohnt in der Gräfstraße 10.
   ⓑ ○ Sie wohnt in der Gräfstraße 10.

4. ● Wo wohnen Sie?
   ⓐ ○ Aus Hamburg.
   ⓑ ○ In Hamburg.

5. ● Wie buchstabiert man das?
   ⓐ ○ D-u-m-i-t-r-u.
   ⓑ ● Ja, richtig.

6. ● Wie ist Ihr Familienname?
   ⓐ ○ Anne.
   ⓑ ○ Dahms.

b Schreiben Sie die Fragen.

1. _Wie ist Ihr Familienname?_ ....   Puente.

2. ....   Pablo.

3. ....   Aus Spanien.

4. ....   In München.

5. ....   0151 50974456.

6. ....   81241.

c Schreiben Sie die Sätze in die Tabelle.

~~1. kommen / Woher / Sie / ?~~   3. wohnen / Sie / ? / Wo   5. kommt / Er / aus / Bonn /.

   2. komme / aus / Bonn /. / Ich   4. wohne / Ich / in / Dresden /.   6. wohnt / Sie / in / Dresden /.

	Verb: Position 2	
1. Woher	kommen	Sie?

LEICHTER LERNEN

Werkzeuge zum Deutschlernen

a Ordnen Sie die Wörter zu.

Kuli   Bleistift   ~~Radiergummi~~   Marker

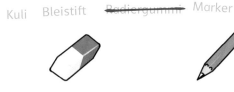

Radiergummi ....

b Beginnen Sie Ihr Deutschheft. Schreiben Sie die Verbtabelle wie im Beispiel ins Heft.

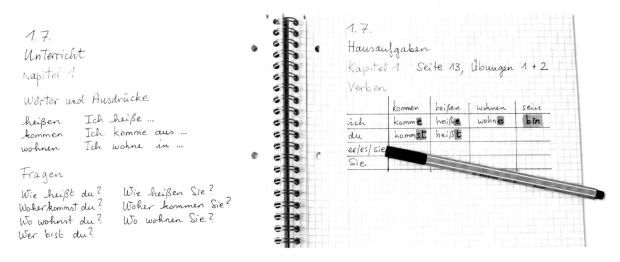

RICHTIG SCHREIBEN

Namen (Eleni) und Nomen (Abend, Heft) schreibt man groß: Eleni, Deutschland, München, Abend.
Am Satzanfang schreibt man groß.
Am Satzende steht ein Punkt.
Nach einer Frage steht ein Fragezeichen: Wie heißen Sie ?

Schreiben Sie den Text.

weristdasdasistfredwintererkommtauslondonerwohntinberlinerwohntinderkantstraße10

....

....

....

Mein Deutsch nach Kapitel 1

Das kann ich:

sich begrüßen und
verabschieden

Spielen Sie Dialoge.

> Guten Morgen, Frau Berg.

sich mit Namen, Adresse
und Wohnort vorstellen

Sprechen Sie.

Ich heiße …
Ich komme aus …
Ich wohne in …

nach Namen, Herkunft
und Wohnort fragen

Spielen Sie Dialoge.

Wie heißt du? / Wie heißen Sie?
Woher kommst …? / Woher kommen Sie?
Wo …?

eine andere Person vorstellen

Sprechen Sie.

Das ist …
Er/Sie kommt aus …

buchstabieren

A, B, C, D, E, F, G, H, I, J, K, L, M,
N, O, P, Q, R, S, T, U, V, W, X, Y, Z

**Buchstabieren und
schreiben Sie.**

> I-T-A-L …

Telefonnummer und Postleitzahl sagen

Sprechen Sie.

Meine Telefonnummer ist …
Meine Postleitzahl …   www → A1/K1

Das kenne ich:

(G)

Verben und Personalpronomen

	sein	kommen	wohnen	heißen
ich	bin	komme	wohne	heiße
du	bist	kommst	wohnst	heißt
er/sie	ist	kommt	wohnt	heißt
Sie	sind	kommen	wohnen	heißen

Er und sie

Pablo kommt aus Spanien.   Eleni kommt aus Deva.
↳ Er wohnt in München.   ↳ Sie wohnt in München.

W-Fragen und Antworten

		Verb: Position 2	
W-Frage	Woher	kommst	du?
Antwort	Ich	komme	aus Spanien.

Fragewörter

Wie?	Wie heißen Sie?
Wo?	Wo wohnen Sie?
Woher?	Woher kommen Sie?
Wer?	Wer kommt aus Syrien?

Präpositionen

wohnen in	Ich wohne in Bonn.
kommen aus	Ich komme aus Italien.

[G]

Kontakte

Pablo?
Bist du das?

1 Die Telefonnummer von Pablo

🎧 1.31 **a** Hören Sie das Telefongespräch. Nummerieren Sie die Fotos.

b Hören Sie noch einmal. Wer sagt das? Ordnen Sie zu.

	Nesrin	Herr Müller	Pablo
Meine Nummer ist 9-3-3-4-0-2-7.	☐	☒	☐
Wie bitte? Bitte noch einmal langsam.	☐	☐	☐
Vielen Dank, auf Wiederhören.	☐	☐	☐
Kein Problem!	☐	☐	☐
Die Telefonnummer ist falsch.	☐	☐	☐
Das ist der Chef!	☐	☐	☐

c Wie sagen Sie am Telefon?

Hallo!

Pohlmann.

Müller GmbH, Meyer.

Ich sage *hola*!

Lernziele

Sprechen nach Telefonnummer/E-Mail-Adresse fragen; Zahlen von 0–100 im Alltag nennen/verstehen; nach Sprache/Nationalität fragen; persönliche Angaben machen | **Hören** Telefonnummern; Dialoge beim Kennenlernen | **Schreiben** über sich selbst | **Lesen** Informationen über einen Deutschkurs / die Firma | **Beruf** Berufsbezeichnungen; Informationen über eine Firma verstehen

2 Die Telefonnummer

a Nesrin speichert die Nummer. Ordnen Sie zu.

1. ~~Vorwahl~~
2. Vorname
3. Familienname
4. Telefonnummer

🎧 1.32–33 **b** Hören Sie die Dialoge und notieren Sie die Telefonnummern.

🎧 1.34 **c** Hören Sie und schreiben Sie die Zahlen zu den Wörtern.

13 → **dreizehn**   23 → **drei**undzwanzig   100 → **einhundert**

elf _11_   zwölf _12_   dreizehn ....   sechzehn ....   siebzehn ....   zwanzig ....

einundzwanzig ....   zweiundzwanzig ....   dreißig _30_   einunddreißig ....

vierzig ....   fünfzig ....   sechzig ....   siebzig ....   (ein)hundert _100_

🎧 1.35 **d** Hören Sie die Zahlen. Sprechen Sie laut nach.

1 – 10:	1, 2, 3, 4, 5, 6, 7, 8, 9, 10
11 – 20:	11, 12, 13, 14, 15, 16, 17, 18, 19, 20
21 – 30:	21, 22, 23, 24, 25, 26, 27, 28, 29, 30
31 – 40:	31, 32, 33, 34, 35, 36, 37, 38, 39, 40
50 – 100:	50, 60, 70, 80, 90, 100

🎧 1.36 **e** Welche Zahlen hören Sie? Kreuzen Sie an. Lesen Sie dann beide Zahlen laut.

1. ◯ 13 ☒ 30   2. ◯ 25 ◯ 52   3. ◯ 16 ◯ 60
4. ◯ 91 ◯ 19   5. ◯ 65 ◯ 56   6. ◯ 80 ◯ 18

🎵 1.37 **f** Aussprache: Wortakzent – Hören Sie, klatschen Sie und sprechen Sie nach.

zwei   sieben   dreizehn   zweiundzwanzig   neunundneunzig   einhundert
•   • •   • •   • • • •   • • • •   • • •

👥 **g** Spielen Sie. Wählen Sie.

Zahlenpaare: Schreiben Sie die Ziffern 1–9 auf Zettel. Bilden Sie unterschiedliche Paare.

◀ oder ▶

Telefonanrufe: Variieren Sie das Muster.

● Hallo?
○ Frau Müller?
● Nein, hier ist Herr Trang.
○ Ist das die Nummer 784 6550?
● Nein. Das ist die Nummer 784 6330.
○ Oh, Entschuldigung!
● Kein Problem. Tschüs.

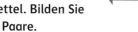

Siebenunddreißig!

K2-1 **3 Auf der Party – Kontakte**

a Lesen Sie die Sprechblasen. Ordnen Sie die Fragen
den Antworten zu.

Ist das Ihre Handynummer? **1**

Ist deine E-Mail-Adresse neu? **2**

A Ja, meine E-Mail-Adresse
ist jetzt dana@yahoo.de.

Hast du Skype? **3**

B Ja, klar! Mein Skype-Name ist Paboso93.

C Ja, meine Nummer ist 0161-2347890.

1.38 – 40 **b** Hören Sie die Dialoge. Beantworten Sie die Fragen: ja oder nein? Kreuzen Sie an.

	Ja	Nein
1. Hat Ben WhatsApp?	☐	☐
2. Ist Pablo bei Facebook?	☐	☐
3. Hat Dana Skype?	☐	☐
4. Hat Nesrin eine E-Mail-Adresse?	☐	☐
5. Ist Nesrin bei Facebook?	☐	☐

G

haben

ich	habe
du	hast
er/sie	hat
Sie	haben

---

c Lesen Sie die Sätze. Ergänzen Sie die Tabelle.

G

FOKUS	Ja/Nein-Frage		Antwort			
Verb					**Verb**	
⟨Bist⟩	du	bei Facebook?	Ja,	ich	⟨bin⟩	bei Facebook.
⟨⟩	Dana	Skype?	Nein,	ich	⟨bin⟩	nicht bei Facebook.
⟨⟩	....	....	Ja,	Dana	⟨⟩	Skype.
			....	Skype	⟨⟩	sie nicht.

1.41 **d** Satzmelodie – Hören Sie die Sätze und sprechen Sie nach.

Hast du eine E-Mail-Adresse? ↗   Ja, meine E-Mail-Adresse ist silvi_max-lin@telus.net. ↘
Bist du bei Facebook? ↗   Nein, ich bin nicht bei Facebook. ↘

---

e Schreiben Sie die Fragen.

1. Ihre E-Mail-Adresse / neu / sein   3. du / Skype / haben
2. du / bei Facebook / sein   4. Sie / WhatsApp / haben

1. Ist Ihre E-Mail-Adresse neu?
2. ...

UND SIE?

–	–	•	@
Unterstrich	Minus	Punkt	at

Fragen und antworten Sie.

WhatsApp

Hast du Skype?   Ja.   Wie ist Ihre E-Mail-Adresse?   victor@web.de.

2

4 Nesrins Freunde

a Hören Sie die Dialoge. Ordnen Sie die Dialoge den Fotos zu. Lesen Sie die Dialoge laut.

(A) ☐ (B) ☐ (C) ☐

Dialog 1
● Hallo, wie heißt du?
○ Pablo.
● Woher kommst du?
○ Aus León.
● Sprichst du Portugiesisch?
○ Nein, ich spreche Spanisch.
  Ich bin Spanier!
● Ach so.
○ Und wie heißt du?
● Karin.

Dialog 2
● Das ist Dana.
○ Hallo, Dana.
● Dana, das ist Karin.
◑ Hallo, Karin. Kommst du aus
  Deutschland?
○ Ja, ich bin Deutsche. Und du?
◑ Ich komme aus Polen.
○ Dzień dobry.
◑ Toll, du sprichst Polnisch!
○ Ja, ein bisschen.

Dialog 3
● Und das sind Evdokía und Kyra.
  Sie kommen aus Griechenland,
  aus Athen.
○ Hallo, ich bin Karin.
◑ Guten Abend, Karin.
◓ Hallo.
○ Ihr sprecht aber gut Deutsch.
◓ Oh, wir lernen Deutsch, aber
  Deutsch ist ein bisschen
  schwer.

b Lesen Sie die Dialoge noch einmal. Was passt zusammen?

1. Dana   a) lernen Deutsch.
2. Karin   b) ist Spanier.
3. Pablo   c) spricht ein bisschen Polnisch.
4. Evdokía und Kyra d) ist Deutsche.
5. Karin   e) kommt aus Polen.

c Markieren Sie die Verbformen in den Dialogen in 4a und ergänzen Sie die Tabelle.

(G)

FOKUS   Verben und Personalpronomen

	lernen	sprechen	sein	haben
ich	lerne	sprech………	………………	habe
du	lernst	sprich………	bist	hast
er/sie	lernt	spricht	………………	hat
wir	………………	sprechen	sind	haben
ihr	lernt	…………………	seid	habt
sie/Sie (Sg./Pl.)	lernen	sprechen	………………	haben

d Spielen Sie. Schreiben Sie Sätze auf Zettel. Zerschneiden Sie sie und legen Sie sie neu zusammen.

Wir | *lernen Deutsch.*

Ben | *kommt aus den USA.*

5 Länder und Sprachen

a Ergänzen Sie die Tabelle mit Informationen aus 4a.

Land	Sprache	Nationalität	
		👤 -e oder -er	👤 -in
Griechenland	Griechisch	der Grieche	die Griechin
....	....	der Deutsche	die Deutsche
....	....	der Pole	die Polin
Spanien	....	der	die Spanierin
Und Sie?	....	....	....

♫ 1.45 **b** Hören Sie die Wörter und unterstreichen Sie die betonte Silbe. Sprechen Sie nach.

<u>Deu</u>tschland • Polen • Italien • Portugal • Syrien • Griechenland

Deutsch • Polnisch • Italienisch • Portugiesisch • Arabisch • Griechisch

c Fragen und antworten Sie.

> Welche Sprachen sprichst du?

> Ich spreche Ukrainisch, Russisch und Englisch.

> Sprichst du auch Französisch?

d Ein Steckbrief – Ergänzen Sie den Text.

spreche   ~~ist~~   sind   komme   lernen   bin   lerne

Mein Name _ist_ Tian Xu. Ich ....

aus China. Ich .... Chinese und .... Chinesisch

und ein bisschen Deutsch. Jetzt .... ich Deutsch.

Dana und Pablo .... meine Freunde.

Sie .... auch Deutsch.

UND SIE?

Schreiben Sie einen Text über sich selbst. Wählen Sie.

Sie schreiben allein.   Sie schreiben in der Gruppe.

Das bin ich.
Ich heiße ... und
bin Franzose. ...

Das sind wir.
Wir heißen ... und ...

6 Pablo schreibt eine Nachricht.

a Lesen Sie die Texte. Welches Foto passt? Ordnen Sie zu.

 (A) ☐

 (B) ☐

 (C) ☐

(1) Liebe Nesrin,
deine Party: Super! 👍
Das ist mein Deutschkurs. Wir sind
14 Leute. Zusammen sind wir 420 Jahre alt
☺. Zwei Leute kommen aus Spanien, eine
Person aus Italien. Zwei kommen aus Syrien
und drei aus Polen. Die anderen kommen
aus Indien, Griechenland, Rumänien,
Portugal, aus den USA und aus Brasilien.

(2) Und das sind Kamila, Marek und Renato.
Kamila kommt aus Portugal. Sie ist 24 Jahre
alt und Verkäuferin. Marek kommt aus
Polen. Er ist 35. Und Renato kommt aus
Brasilien. Er ist 32 Jahre alt. Marek ist
Ingenieur von Beruf. Renato ist Busfahrer,
aber er ist arbeitslos.

(3) Die Lehrerin heißt Anne. Sie ist Deutsche.
Sie spricht Deutsch, Russisch, Englisch und
Spanisch. Sie ist toll!
Bis bald ☺
Tschüs Pablo ✿

16:42 ✓

b Lesen Sie die Nachricht noch einmal. Kreuzen Sie an: richtig (R) oder falsch (F)?

	R	F
1. Im Deutschkurs sind 14 Leute.	☐	☐
2. Zwei Leute kommen aus Portugal.	☐	☐
3. Marek spricht Polnisch.	☐	☐
4. Der Brasilianer ist 32 Jahre alt.	☐	☐
5. Kamila ist die Lehrerin.	☐	☐
6. Anne spricht vier Sprachen.	☐	☐

c Das Alter – Wie alt ist ... ? Beantworten Sie die Fragen.

1. Wie alt ist Kamila? _Kamila ist 24 Jahre alt._

2. Wie alt ist Marek? ....

3. Wie alt ist Renato? ....

UND SIE?

a Das Alter – Fragen und antworten Sie.

Wie alt bist du?   Ich bin 26.

Wie alt sind Sie?

b Erzählen Sie im Kurs.

Irina ist 41 Jahre alt.   Und Michail ist 19.

Wie alt seid ihr?

Wir sind zusammen
127 Jahre alt.

$$\begin{array}{r} 34 \\ + 50 \\ + 23 \\ + 20 \\ \hline 127 \end{array}$$

K2-2 **7 Nesrin antwortet.**

a Lesen Sie den Text. Wer sind die Personen auf den Fotos?

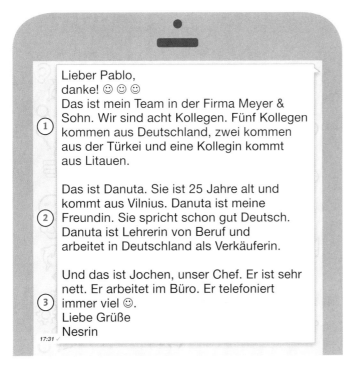

(1) Lieber Pablo,
danke! ☺ ☺ ☺
Das ist mein Team in der Firma Meyer &
Sohn. Wir sind acht Kollegen. Fünf Kollegen
kommen aus Deutschland, zwei kommen
aus der Türkei und eine Kollegin kommt
aus Litauen.

(2) Das ist Danuta. Sie ist 25 Jahre alt und
kommt aus Vilnius. Danuta ist meine
Freundin. Sie spricht schon gut Deutsch.
Danuta ist Lehrerin von Beruf und
arbeitet in Deutschland als Verkäuferin.

(3) Und das ist Jochen, unser Chef. Er ist sehr
nett. Er arbeitet im Büro. Er telefoniert
immer viel ☺.
Liebe Grüße
Nesrin

17:31

A

B

b Ergänzen Sie den Text mit den Informationen aus Aufgabe 7a.

Nesrin arbeitet in der .... Meyer & Sohn. Dort sind

acht .... Sie kommen aus Deutschland, aus

der .... und aus Litauen.

Die Freundin von Nesrin heißt .... Sie arbeitet als

.... Jochen arbeitet im Büro. Er ist der ....

G

⚊ Mann	⚊ Frau
der Verkäufer	die Verkäuferin
der Chef	die Chefin
der Lehrer	die Lehrerin

c Fragen und antworten Sie. Sammeln Sie im Kurs. Das Wörterbuch hilft.

Was bist du von Beruf?   Ich bin Krankenschwester.

d Üben Sie die Fragen und Antworten mit *du* und *Sie*.

Was bist du von Beruf? → Ich bin Lehrer. Was bist du von Beruf? → Ich bin …

Was sind Sie von Beruf? → Ich bin Student. Was sind
Sie von Beruf? → Ich bin …

K2 **VORHANG AUF**

Spielen Sie Gespräche im Kurs. Fragen und antworten Sie.

Fragen Sie eine Person
nach Adresse, Telefonnummer
und E-Mail-Adresse.

Arbeiten Sie in Gruppen.
Machen Sie eine Kursliste.
Schreiben Sie Nationalität,
Land und Sprache auf.

ÜBUNGEN

1 Die Telefonnummer von Pablo

Lesen Sie und ergänzen Sie den Dialog.

Vielen Dank   ~~Guten Tag~~

langsam   die Telefonnummer

● K&L Dienstleistungen Müller, guten Tag.

○ _Guten Tag_. Pablo, bist du das?

● Pablo?

○ Ja, Pablo Puente. Wie ist ....
   von Pablo Puente?

● Die Nummer ist 93-34-0-3-7.

○ Wie bitte? Bitte noch einmal ....

● 9-3-3-4-0-3-7.

○ .... Auf Wiederhören.

● Kein Problem. Auf Wiederhören.

2 Die Telefonnummer

a Wie heißen die Wörter? Ergänzen Sie.

0176 8749631   1. | H | A | | | Y | | | | | | R |

Pablo   2. | V | | | A | | |

089   3. | V | | | A | L |

Puente   4. | F | A | | I | | | N | | | |

9334037   5. | T | | | | | N | | | | R |

b Ergänzen Sie die Wörter aus Aufgabe 2a.

1. Wie ist Ihre _Handynummer_ .... ?   0177 41364941.

2. Wie ist Ihr .... ?   Dana.

3. Wie ist Ihr .... ?   Nowak.

4. Wie ist Ihre .... ?   458366.

5. Wie ist Ihre .... ?   089.

🎧 1.46   **c Welche Zahlen hören Sie? Kreuzen Sie an.**

1. ☒ 17 ☐ 70   5. ☐ 40 ☐ 14   9. ☐ 44 ☐ 14 ☐ 40

2. ☐ 19 ☐ 90   6. ☐ 15 ☐ 50   10. ☐ 19 ☐ 90 ☐ 99

3. ☐ 30 ☐ 13   7. ☐ 90 ☐ 19   11. ☐ 30 ☐ 13 ☐ 33

4. ☐ 16 ☐ 60   8. ☐ 18 ☐ 80   12. ☐ 66 ☐ 60 ☐ 16

♪ 1.47 **d Hören Sie noch einmal. Markieren Sie die betonte Silbe und sprechen Sie nach.**

1. <u>sieb</u>zehn	siebzig	9. vierundvierzig	vierzehn	vierzig
2. neunzehn	neunzig	10. neunzehn	neunzig	neunundneunzig
3. dreißig	dreizehn	11. dreißig	dreizehn	dreiunddreißig
4. sechzehn	sechzig	12. sechsundsechzig	sechzig	sechzehn
5. vierzig	vierzehn			
6. fünfzehn	fünfzig			
7. neunzig	neunzehn			
8. achtzehn	achtzig			

3 Auf der Party – Kontakte

🎧 1.48 **a Ergänzen Sie die Formen von *haben* und *sein*. Hören Sie zur Kontrolle.**

1. *Hast* _____ du Skype?

2. _____ Sie WhatsApp?

3. Ich _____ Skype.

4. _____ Sie bei Facebook?

5. Wie _____ die E-Mail-Adresse von Ben?

6. Nesrin, _____ du bei Facebook?

♪ 1.49 **b Satzmelodie – Was hören Sie? Kreuzen Sie an.**

Satz 1: [X] ↗   [ ] ↘   Satz 3: [ ] ↗   [ ] ↘
Satz 2: [ ] ↗   [ ] ↘   Satz 4: [ ] ↗   [ ] ↘

c Hören Sie noch einmal und sprechen Sie nach.

1. Haben Sie Skype?
2. Ja, ich habe Skype.
3. Sind Sie bei Facebook?
4. Nein, ich bin nicht bei Facebook.

d Schreiben Sie die Frage.

● *Heißen Sie Anna Kapanova?* _____   ○ Nein, ich heiße Ludmilla Kapanova.

● _____   ○ Ja, ich wohne in Hamburg.

● _____   ○ Ja, ich bin bei Facebook.

● _____   ○ Nein, ich komme nicht aus Italien.

● _____   ○ Ja, meine Telefonnummer ist 56144.

🎧 1.50 **e Hören Sie und schreiben Sie die E-Mail-Adressen.**

1. *o_tan@t-online.de* _____   3. _____

2. _____   4. _____

Wie heißen Sie?

Wau.

Wie ist Ihr Familienname?

Wau wau.

Wie ist Ihre E-Mail-Adresse?

wau@wau.de

4 Nesrins Freunde

a Welche Verbform passt? Kreuzen Sie an: a oder b.

1. Dana
☐ kommen aus Polen.
☒ kommt
Sie
☐ spricht Polnisch.
☐ sprechen

2. Evdokia und Kyra
☐ seid Griechinnen.
☐ sind
Sie
☐ sprechen Griechisch und Englisch.
☐ spricht

3. Karin
☐ sind Deutsche.
☐ ist
Aber sie ☐ sprecht ein bisschen Polnisch.
☐ spricht

4. Dana, Tian und Lilly
☐ lernt Deutsch.
☐ lernen
Sie
☐ sind Freunde.
☐ seid

b Ergänzen Sie die Formen von *sein* und *sprechen*.

Dialog 1

● _Ist_ das die Lehrerin?

○ Ja, das _____ die Lehrerin.

● Und wer _____ du?

○ Ich _____ Pablo.

Dialog 2

● _____ Sie Deutsch?

○ Ja, ich _____ ein
bisschen Deutsch.

● Ich _____ Englisch.
Aber ich lerne Deutsch.

c Ergänzen Sie die Fragen. Ordnen Sie die Antworten zu.

1. Wie _ist_ deine E-Mail-Adresse?
a) Ja, sie hat Skype.

2. _____ Ihre Telefonnummer 0176-5499011?
b) Nein, meine Telefonnummer ist 0179-9905411.

3. _____ Nesrin Skype?
c) Meine E-Mail-Adresse ist irina@web.de.

4. _____ ihr bei Facebook?
d) Facebook? Nein. wir sind bei LinkedIn.

d Lesen Sie. Was ist falsch?

Wo wohnen Sie?   In Frankfurt, Falkstraße 15.

Wie ist die Postleitzahl?   60311.

Wie ist Ihre Telefonnummer?   0151-98721101.

Und wie ist Ihre E-Mail-Adresse?   rosarosa@gmx.de.

5
Frankfurt, Falkstraße 14
_69311_
_0151-98271101_
rosarose@gmx.de

5 Länder und Sprachen

a Markieren Sie die Sprachen.

S	P	A	N	I	S	C	H	A	E	N	G	L	I	S	C	H	C	V	R
D	E	U	T	S	C	H	L	G	R	I	E	C	H	I	S	C	H	W	X
K	K	I	I	V	T	Ü	R	K	I	S	C	H	H	I	N	D	I	L	H
Ö	U	J	B	U	L	G	A	R	I	S	C	H	Y	Ö	J	S	D	Ö	X
B	V	D	D	P	O	R	T	U	G	I	E	S	I	S	C	H	E	K	C
P	O	L	N	I	S	C	H	L	A	R	A	B	I	S	C	H	N	L	Ä

b Ergänzen Sie das Verb *sprechen*.

1. ● Welche Sprachen _sprichst_ du?

   ○ Ich .... Polnisch und ein bisschen Deutsch.

2. ● .... Sie Englisch?

   ○ Nein. Aber ich .... Französisch.

3. ● Eva und Anna, ... ihr Spanisch?

   ○ Ja, wir .... ein bisschen Spanisch. Eva .... auch Italienisch.

4. ● Welche Sprachen .... Maria?

   ○ Maria .... Italienisch, Englisch und ein bisschen Deutsch.

🎧 1.51 **c** Steckbriefe – Hören Sie zu und kreuzen Sie an.

1. Monika ist
☐ Tschechin.
☐ Polin.

2. Jean ist
☐ Kanadier.
☐ Franzose.

3. Anna wohnt in
☐ Barcelona.
☐ Berlin.

4. Ali kommt aus
☐ Syrien.
☐ der Türkei.

5. Hassan ist
☐ Türke.
☐ Iraker.

d Ergänzen Sie die Tabelle.

Land	Sprache	Nationalität	
Tschechien	*Tschechisch*	*der Tscheche*	*die Tschechin*
Frankreich			
Spanien			
Türkei			
Deutschland			

6 Pablo schreibt eine Nachricht.

a Ergänzen Sie die Lücken.

Deutsch ~~Hallo~~ Sie Leute Indien USA mein

...Hallo............... Nesrin,

das ist .... Deutschkurs. Wir sind 14 .... aus Spanien, Polen,

Syrien, ..., Griechenland, Rumänien, Portugal, Brasilien, Italien und

aus den .... Die Lehrerin heißt Anne. .... ist Deutsche. Sie spricht

............................., Russisch, Englisch und Spanisch!

Liebe Grüße
Pablo

b Schreiben Sie fünf Sätze.

wie	sprechen	aus Hamburg
wo	sein	Russin / Russe
woher	wohnen	in Berlin / in München
wie alt	kommen	Ihre E-Mail-Adresse
wer	haben	der Lehrer / die Lehrerin
	lernen	Deutsch / Russisch
ich / du / er / sie	heißen	deine Handynummer
die Lehrerin / der Lehrer		23 Jahre alt
Herr / Frau		
wir / ihr / sie		

Wo wohnst du?
Der Lehrer kommt
aus Hamburg.

7 Nesrin antwortet.

a Ergänzen Sie die Nachricht von Nesrin.

Lieber Pablo,
danke! ☺ ☺ ☺

Das (1) _ist_ mein Team in der Firma Meyer & Sohn: Wir (2)........................... acht Kollegen.

Fünf Kollegen (3)........................... aus Deutschland, zwei aus der Türkei und eine Kollegin

kommt aus Litauen.

Danuta (4)..................... 25 Jahre alt und kommt aus Vilnius. Sie ist meine Freundin. Sie

(5)............................... schon gut Deutsch. Danuta ist Lehrerin. Unser Chef heißt Jochen

Karger. Er (6)..................... sehr nett. Er (7)... immer viel ☺.

Liebe Grüße
Nesrin

kommen • sind • ist • spricht • ist • telefoniert • ist

b Wählen Sie zwei Personen. Schreiben Sie Steckbriefe.

Inga Smith
Kanada
Hamburg
Verkäuferin
25 Jahre

Diego Balboa
Spanien
Dresden
Ingenieur
38 Jahre

Freddy Liwewe
Malawi
Stuttgart
Student
19 Jahre

Olga Korsakow
Russland
Berlin
Krankenschwester
53 Jahre

Sie heißt Inga Smith.
Sie kommt aus Kanada und wohnt in Hamburg.
Sie ist Verkäuferin von Beruf.
Sie ist 25 Jahre alt.

c Und Sie? Schreiben Sie über sich selbst.

d Berufe – Wie heißt der Mann? Wie heißt die Frau? Ergänzen Sie.

☺	☺
der Verkäufer	*die Verkäuferin*
der Lehrer	
	die Chefin
der Busfahrer	
	die Kollegin
…	

LEICHTER LERNEN

Mit Lernkarten lernen

Seite 1:
Wort auf Deutsch + Beispielsatz

sprechen
er/sie spricht
Sie spricht vier Sprachen.

Seite 2:
Wort in Ihrer Sprache

falar

RICHTIG SCHREIBEN

♫ 1.52   **a** **Hören Sie Wörter mit *ie* (Sie hören *ii*) und *ei* (Sie hören *ai*).**

Wie heißen Sie?
Schreiben Sie.
Das ist mein Bleistift und das ist mein Radiergummi.

♫ 1.53   **b** **Hören Sie und ergänzen Sie.**

s *ie* ben • Türk___ • zw___ • m___n • v___rzig • s___ • sp___len • ___n • arb___ten •

w___ • Portug___sisch • n___n • Frankr___ch • Auf W___dersehen!

Mein Deutsch nach Kapitel 2

Das kann ich:

nach der Telefonnummer und der
E-Mail-Adresse fragen

Fragen Sie.

- ● Wie … Ihre …?
- ○ Meine Telefonnummer ist 0160 58436600.
- ● … Sie auch …?
- ○ Meine E-Mail-Adresse ist
  sommer04@web.de.

Zahlen im Alltag nennen und verstehen

Fragen und antworten Sie.

- ● Wie ist Ihre Handynummer?　　　0155 9 67 56 78 98
- ● Wie ist Ihre Postleitzahl?
- ● Was ist Ihre Hausnummer?
- ● Wie alt sind Sie?

nach Sprache und Nationalität fragen

Sprechen Sie.

- ● Woher … du?
- ○ Ich komme aus … Ich bin …
- ● Welche Sprachen … du?
- ○ Ich spreche …

persönliche Angaben machen

Name　　Nationalität　　Beruf
　　Sprache　　　　Alter

Schreiben Sie: „Das bin ich".

Ich heiße …

www → A1/K2

Das kenne ich:

(G)

Personalpronomen und Konjugation

Infinitiv		haben	sprechen	lernen
Singular	ich	habe	spreche	lerne
	du	hast	sprichst	lernst
	er/es/sie	hat	spricht	lernt
Plural	wir	haben	sprechen	lernen
	ihr	habt	sprecht	lernt
	sie	haben	sprechen	lernen
Formell (*Sg./Pl.*)	Sie	haben	sprechen	lernen

Fragewörter

Was?　　Was bist du von Beruf?

Ja/Nein-Frage

Verb: Position 1

Antwort

Verb: Position 2

| ⬭Kommst⬭ | du | aus den USA? | Ja, ich | ⬭komme⬭ | aus den USA. |
| ⬭Wohnst⬭ | du | in Köln? | Nein, ich | ⬭wohne⬭ | in Bonn. |

HALTESTELLE

1 Sprechen, schreiben …

a Schreiben und spielen Sie Dialoge.

Das ist Beat. Er kommt aus Basel. (1)

(2) Hast du Skype? (2)

Ich heiße Torben und wie heißt du? (3)

Sprechen Sie Englisch? (4)

Wie alt bist du? (5)

Wie heißen Sie? (6)

Wie ist Ihre Telefonnummer? (7)

Wo wohnst du? (8)

Woher kommst du? (9)

Wohnst du in Bonn? (10)

23.

Dodel, Christine Dodel.

(1) Hallo, Beat.

Ich heiße Ulrike.

Ich komme aus der Schweiz.

Nein, in Dortmund.

Meine Nummer ist 0823 – 5626123.

Ja, mein Skype-Name ist lukas-held76.

Nein, ich spreche Französisch.

In Zürich.

b Wählen Sie ein Element. Schreiben und spielen Sie einen Dialog.

26   Frau Dahms   Berlin   Kantstraße 99

01577-4569812   Anja Peters   a.peters@nex.com

68535   Rumänien   B-u-c-h-m-e-i-s-t-e-r

neunundzwanzig **29**

DREI in einer Reihe

Spielen Sie in zwei Gruppen.
1. Legen Sie eine Münze auf ein Feld. Lösen Sie die Aufgabe.
2. Haben Sie drei Münzen in einer Reihe? Gewonnen!

Ergänzen Sie die Begrüßung.

Herz… w…!

Buchstabieren Sie.

Krystoph Öhlert

Konjugieren Sie.

ich wohne
du …
er/sie …
Sie …

Ergänzen Sie die Begrüßung.

Guten Tag, … Güler.

Sagen Sie die Telefonnummer.

0049 – 6222 – 67531245

Ergänzen Sie.

Meine P… ist 69125. Der O…
heißt Heidelberg.

Fragen Sie.

Wie …?   Woher …?
Wo …?   Wer …?

Antworten Sie.

Wie heißen Sie?

Konjugieren Sie.

ich bin
du …
er/sie …
Sie …

Und Sie? Woher kommen Sie?

Ergänzen Sie den Satz.

Anne ist der V… und Dahms
der F…

**Wie heißen
die Länder?**

Ergänzen Sie die Begrüßung.

● …, Berenice
○ …, Katinka.

Ergänzen Sie.

Ich komme … Berlin.
Ich wohne … München.

Wie heißt der Text?

ichheißeulrikethrom.
ichkommeaushamburgund
wohnejetztinberlin.

 Und Sie? Wo wohnen Sie?

Konjugieren Sie.

ich heiße
du …
er/sie …
Sie …

Ergänzen Sie die Verabschiedung.

A… W…, Fr… Dodel.

A… W…, He… Precht.

Wie heißt die Frage?

● …?
○ 0211 – 56 78 89

Zählen Sie bis 20.

13 14 15 16 17 18 19 20

Wie heißen die Fragen?

WhatsApp / du / hast / ?
Handynummer / deine / ist / wie / ?

 Und Sie? Beantworten Sie die Fragen.

Sind Sie bei Facebook?
Wie ist Ihre Handynummer?
Haben Sie Skype?

Ordnen Sie die Wörter zu.

1. Familienname   a) 089
2. Telefonnummer   b) 458366
3. Vorwahl   c) Dana
4. Vorname   d) Nowak

Konjugieren Sie.

ich spreche
du …
…

Wie heißt die Frage?

● …?
○ Ja, ich spreche Englisch.

Wie heißen die Sprachen?

Polen
Österreich
Spanien
USA

Polnisch.

Ergänzen Sie die Sätze.

Wie alt sind …?
Was … du von Beruf?
Woher kommt …?
… kommen aus Graz.

Berufe: Männer und Frauen

Verkäufer   …
…   Chefin
Lehrer   …

Ergänzen Sie den Dialog.

● Was bist du
von Beruf?
○ Ich …

Ergänzen Sie die Ja-/Nein-Fragen.

(sein/du) … 25 Jahre alt?
(kommen/ihr) … aus Graz?
(sprechen/er) … Deutsch?

 Und Sie? Beantworten Sie die Fragen.

Kommen Sie aus der Schweiz?
Wohnen Sie in Deutschland?

Ergänzen Sie die Sätze.

Die F… heißt Meyer & Sohn.
Herr Meyer ist der C…
Er arbeitet im B…

Konjugieren Sie.

ich habe
du …
…

Ergänzen Sie die Fragewörter.

… alt bist du?
… Sprachen sprichst du?

Ordnen Sie zu.

1. Deutschland   a) Deutsch
2. Berlin   b) 25 Jahre
3. Alter   c) Land
4. Sprache   d) Ort

 Und Sie? Ergänzen Sie den Text.

Ich heiße … und komme …
Ich wohne …
Ich bin … alt.
Ich bin … von Beruf.

3 Kennen Sie D-A-CH?

a Schreiben Sie die Städtenamen richtig. Ergänzen Sie die Ziffern in der Landkarte.

1. ~~LINBER~~   *Berlin*
2. MAHBURG   ....
3. CHENMÜN   ....
4. NÖLK   ....
5. NEWI   ....
6. NERB   ....
7. RICHÜZ   ....
8. RANKTURFF   ....
9. STARTGUTT   ....
10. ZIGLEIP   ....
11. DENSERD   ....
12. NEMERB   ....

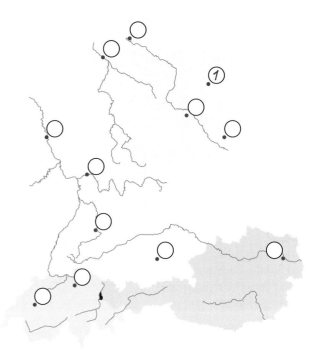

b Welche anderen Städte in D-A-CH kennen Sie? Spielen Sie: Buchstabieren und raten Sie.

< D O R T M   Dortmund >

🎧 1.54 – 56 **c** Hören Sie. Was sagt man wo? Ordnen Sie zu.

< Grüezi.   < Moin.   < Grüß Gott.   Tschüs. >   Uf Widerluege. >   Servus. >

Ⓐ Hamburg   Ⓑ München   Ⓒ

d Zahlen in D-A-CH – Was passt? Ordnen Sie die Dominosteine.

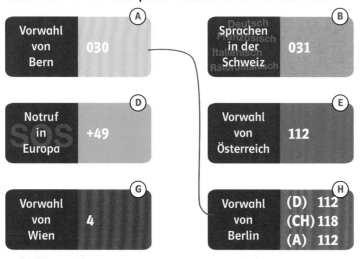

Ⓐ Vorwahl von Bern — 030

Ⓑ Deutsch Französisch Italienisch Rätoromanisch Sprachen in der Schweiz — 031

Ⓒ Feuerwehr — +43

Ⓓ Notruf in Europa — +49

Ⓔ Vorwahl von Österreich — 112

Ⓕ Vorwahl von Deutschland — 01

Ⓖ Vorwahl von Wien — 4

Ⓗ Vorwahl von Berlin — (D) 112 (CH) 118 (A) 112

Wie heißt das auf Deutsch?

.............der Bleistift   ....das Heft   ....die Maus

.............der Kuli   ....das Handy   ....die Brille

....*15*....der Radiergummi   ....das Deutschbuch   ....die Lampe

.............der Spitzer   ....das Wörterbuch   ....die Tasse

.............der Laptop   ....das Post-it   ....die Schere

1 Wie heißt das auf Deutsch?

a Welche Wörter von 1–15 kennen Sie schon? Ordnen Sie zu.   ◁ Nummer 15 ist der Radiergummi.

🎧 1.57   **b** Hören Sie zur Kontrolle.

🎧 1.58   **c** Hören Sie. Schreiben Sie die Nomen zu den Artikeln.

     der ....   das ....   die ....

👥   **d** Fragen und antworten Sie.   ◁ Wie heißt das auf Deutsch?   Wörterbuch, das Wörterbuch. ▷

Lernziele

Sprechen fragen, wie etwas auf Deutsch heißt; Dinge erfragen und benennen; nachfragen, wenn etwas nicht verstanden wurde; Aufforderungen verstehen und machen | **Hören** Aufforderungen | **Schreiben** diverse Fragen | **Lesen** einfache Dialoge | **Beruf** um Hilfe bitten; nach Informationen fragen

2 Ihr Kursraum

a Sehen Sie das Foto an. Schreiben Sie die Wörter in eine Tabelle.

das Fenster • der Tisch •
das Poster • die Tafel •
der Stuhl • die Tasche •
die Lampe • der Laptop •
das Tablet • die Brille •
der Kuli • das Buch

der	das	die
der Tisch	das Poster	die Tafel

bestimmter Artikel ⓖ

maskulin	der
neutrum	das
feminin	die

b Was haben Sie im Kursraum? Ergänzen Sie Ihre Tabelle aus 2a.
Das Wörterbuch hilft.

3 Wörter lernen

a Lesen Sie die Tipps und ordnen Sie die Bilder zu.

> **TIPP 1** 😊
> Lernen Sie Wörter mit Bildern.

> **TIPP 2** 😊
> Lernen Sie immer so: Artikel + Nomen

> **TIPP 3** 😊
> Sprechen Sie Wörter laut.

die Zange der Hammer

b Schreiben Sie Zettel:
Seite 1: Nomen   Seite 2: Artikel

Poster   das

Mischen Sie die Zettel und spielen Sie.

das Heft

K3–1 **4 Hier ist eine Brille.**

1.59–61 **a Hören Sie. Ordnen Sie die Dialoge den Fotos zu.**

 ☐ Ⓐ  ☐ Ⓑ  ☐ Ⓒ

b Hören Sie noch einmal und ergänzen Sie die Nomen.

Dialog 1

● Hier ist ein _Kuli_____.

  Ben, ist das dein _____?

○ Nein, das ist der _____

  von Dana.

◑ Oh, ja, das ist mein _____.

  Danke.

Dialog 2

● Da ist ein _____.

  Dana, ist das dein _____?

○ Nein, das ist das _____

  von Maria!

Dialog 3

● Wo ist meine _____?

○ Hier liegt eine _____.

  Ist das deine _____?

● Nein, das ist die _____

  von Eleni.

c Lesen Sie die Dialoge und ergänzen Sie die Tabelle.

Ⓖ

FOKUS ein, eine – mein, meine ...

bestimmter Artikel	unbestimmter Artikel	Possessivartikel
der Kuli	_____ Kuli	mein/dein Kuli
das Handy	ein Handy	_____ / _____ Handy
die Brille	ein_____ Brille	meine/deine Brille

d Variieren Sie die Dialoge mit diesen Nomen. Lesen Sie die Dialoge laut.

der Laptop • der Bleistift • das Heft • das Wörterbuch • die Maus • die Schere

 e Fragen und antworten Sie wie im Beispiel.

● Da ist ein Handy. Ist das dein Handy?

○ Nein, das ist das Handy von Ben.

◑ Ja, das ist mein Handy.

● Da ist ein Schirm. Ist das dein Schirm?

○ Nein, das ist der Schirm von Maria.

◑ Oh nein, das ist nicht mein Schirm.

K3–2 **5 Das ist keine Katze.**

🎧 1.62   **a** Sehen Sie die Bilder an und hören Sie. Ordnen Sie die Sprechblasen zu.

Das ist eine Katze. ①   Ist das ein Hund? ②   ③ Nein, das ist keine Katze.

Ein Auto. Ach so! ④   ⑤ Das ist ein Auto!   Nein, das ist kein Hund. ⑥

2 □   □ □   □ □

b Ergänzen Sie die Tabelle.

Ⓖ

FOKUS   ein, eine – kein, keine

der Hund   das Auto   die Katze

Das ist ...   ein Hund   .... Hund   ein Auto   *kein* Auto   eine Katze   .... Katze

c Zeichen-Rätsel – Ergänzen Sie.

Ist das *eine* Lampe?   Ist das .... Auto?   Ist das .... Fahrrad?   Ist das .... Brille?

Nein, das ist .... Lampe.   Nein, das ist .... Auto.   Nein, das ist .... Fahrrad.   Ja, das ist .... Brille.

🎵 1.63   **d** Aussprache: Satzmelodie – Hören Sie und sprechen Sie nach.

Ist das ein Haus? ↗   Nein, →   das ist kein Haus. ↘   Das ist ein Auto. ↘   Echt? ↗
Ist das ein Tisch? ↗   Nein, →   das ist kein Tisch. ↘   Das ist eine Tafel. ↘   Echt? ↗

e Machen Sie Zeichnungen wie in 5c und sprechen Sie.

Ist das ein Handy?

6 Mein Computer ist kaputt.

a Marias Schreibtisch – Vergleichen Sie die Bilder.

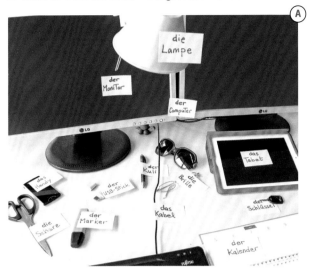 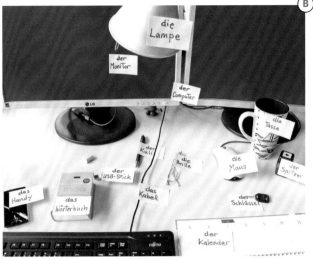

Auf Bild A ist ein Computer.

Auf Bild B ist auch ein Computer.

Auf Bild A ist keine Maus. Da ist …

Auf Bild B ist eine Maus.

🎧 1.64–66 **b** Lesen Sie die Aussagen und hören Sie die Dialoge. Was passt? Kreuzen Sie an.

Dialog 1
Der Computer [a] funktioniert nicht.
Er [b] ist weg.

Dialog 2
Das Tablet ist [a] weg.
Es ist [b] nicht weg.

Dialog 3
Die Maus ist [a] kaputt.
Sie ist [b] nicht kaputt.

c Lesen Sie 6b noch einmal. Ergänzen Sie die Tabelle und die Sätze 1–3.

FOKUS Artikel und Personalpronomen (G)

der Computer	*Er* .... ist kaputt.
das Tablet	.... ist weg.
die Maus	.... ist nicht weg.

1. Der Monitor funktioniert nicht. .... ist schwarz.
2. Das Tablet ist weg. Vielleicht ist .... zu Hause.
3. Die Maus ist nicht weg. .... ist doch hier.

7 Aussprache: lange und kurze Vokale

🎵 1.67 **a** Hören Sie und lesen Sie mit. Achten Sie auf die Markierung: _ lang oder • kurz.

die Tafel – die Tasse • die Schere – das Heft • sie – die Brille • das Poster – der Ordner • der Kuli – kurz

b Hören Sie noch einmal. Sprechen Sie nach und zeigen Sie lang oder kurz.

 lang kurz

8 Bitten und Aufforderungen

1.68 – 70 **a** Hören Sie. Zu welchem Dialog passt das Bild?

b Lesen Sie die Dialoge. Ordnen Sie die Aufforderungen 1–3 zu.

1. Buchstabieren Sie, bitte.

2. Wiederholen Sie, bitte.

3. Fragen Sie bitte Herrn Thomson.

Dialog 1

● Herr Daus, wie ist Ihre Telefonnummer, bitte?
○ 0152 …
● Nicht so schnell!

....
○ Natürlich, gerne: 0-1-5-2 …

Dialog 2

● Hallo, Frau Canale.
○ Guten Tag, Herr Bart. Eine Frage: Wie ist die Telefonnummer von Frau Pfeffer, bitte?
● Frau Pfeffer? Warten Sie mal … Nein, das weiß ich auch nicht.

....
○ O.k., das mache ich.

Dialog 3

● Guten Tag, mein Name ist Carullo.
○ Entschuldigung, Ka …?
● Carullo.
○ Mit K oder mit C?

....
● Gerne, C-a-r-u-l-l-o.
○ Vielen Dank.

c Ergänzen Sie die Tabelle.

FOKUS   **Aufforderungen und Bitten**   Ⓖ

Verb: Position 1

Wiederholen	Sie,	bitte.
	Sie,	bitte.
	Sie	bitte Herrn Thomson.

d Sammeln Sie Aufforderungen aus den Kapiteln 1–3. Machen Sie eine Liste: Deutsch und Ihre Sprache.

1. Sehen Sie die Bilder an.   Look at the pictures
2. Hören Sie.   Listen.
3. Lesen Sie die Dialoge.

e Freundlich sein ☺ – Formulieren Sie die Aufforderungen aus 8d mit *bitte*.

Hören Sie, bitte.   Lesen Sie bitte die Dialoge.

UND SIE?

Spielen Sie Aufforderungen und Bitten und reagieren Sie.

Ich heiße Gregor.   Buchstabieren Sie, bitte.

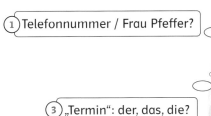

9 Maria braucht Hilfe.

a Helfen Sie Maria. Wählen Sie.

Ergänzen Sie die Fragen und ordnen
Sie sie den Situationen 1–4 zu.

oder

Schreiben Sie die Fragen zu den
Situationen 1–4.

Wie heißt das … ?
Wie … man Mennert? Mit e oder mit ä?
Wie ist die … ?
Was ist der … von Termin?

Wie ist …

1 Telefonnummer / Frau Pfeffer?

auf Deutsch? 2

3 „Termin": der, das, die?

Mennert? Männert? 4

b Hören Sie den Dialog und kreuzen Sie an: richtig oder falsch?

🎧 1.71

	R	F
1. Die Büronummer von Frau Pfeffer ist 089 355467.	☐	☐
2. Der Name ist mit „ä".	☐	☐
3. Der Artikel von Termin ist „der".	☐	☐

VORHANG AUF

K3

Schreiben und
spielen Sie Dialoge
zu diesen Bildern.

Anmeldung

ÜBUNGEN

1 Wie heißt das auf Deutsch?

Schreiben Sie die Wörter mit Artikel.

Was heißt ⬚ auf Deutsch?

1) die Lampe

....

....

....

....

der Bleistift • der Kuli • der Radiergummi • der Spitzer • der Laptop • das Heft • das Handy • das Deutschbuch • das Wörterbuch • das Post-it • die Maus • die Brille • die Lampe • die Tasse • die Schere

2 Ihr Kursraum

Wie heißt das auf Deutsch? Schreiben Sie die Wörter mit Artikel.

STREFEN	ISCHT	RETSOP	FATEL	TUHLS	TESCHA
....	der Tisch	....	....	....	....

3 Wörter lernen

🎧 1.72   Hören Sie zu und schreiben Sie die Wörter.

 Ⓐ
 Ⓑ
 Ⓒ
 Ⓓ

d e r
S c ☐ ☐ ☐ ☐ -
☐ ☐ ☐ ☐ ☐

d i e
M o ☐ ☐ ☐ ☐ -
☐ ☐ ☐ ☐

☐ ☐ ☐
☐ ☐ ☐ ☐ ß ☐ ☐ -
☐ ☐ ☐ ☐ ☐

☐ ☐ ☐
☐ ☐ ☐ ☐ ☐ -
☐ ☐ ☐ ☐ ☐

4 Hier ist eine Brille.

a Ergänzen Sie wie im Beispiel.

ein Schirm m_ein_ Schirm d_ein_ Schirm der Schirm von Tom

ein Buch ....

  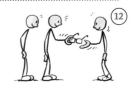

....

b Ergänzen Sie die Dialoge.

① ● Hier ist _ein_ _Kuli_ .

Ist das _dein_ _Kuli_ , Dana?

○ Ja, das ist _mein_ _Kuli_ .

Danke.

② ● Da ist _ein_ _Handy_ . Ist das

.... , Maria?

○ Nein, das ist das

.... von Ben.

③ ● Wo ist _m_ .... ?

○ Hier ist e ....

Ist das .... ?

● Ja, danke.

④ ● Da ist ....

.... Ist das

.... ?

○ Nein, das ist das

.... von Ben.

⑤ ● Wo ist _m_ .... ?

○ Hier ist e ....

Ist das ....

.... , Eleni?

● Ja, danke.

⑥ ● Hier liegt ....

Ist das d ....

.... , Pablo?

○ Ja, das ist ....

.... Danke.

5 Das ist keine Katze.

Ergänzen Sie die Fragen und schreiben Sie die Antworten.

① Ist das _eine_ Katze?

Nein, das ist keine Katze, das ist ein Hund.

② Ist das .... Auto?

....

③ Ist das .... Kuli?

....

④ Ist das .... Heft?

....

⑤ Ist das .... Buch?

....

⑥ Ist das .... Tablet?

....

6 Mein Computer ist kaputt.

a Schreiben Sie die Nomen mit Artikel zu den Bildern.

.... 1 .... 2 .... 3 ....

der USB-Stick • die Maus • das Kabel • der Monitor

b Marias Schreibtisch – Was ist da? Kreuzen Sie an und schreiben Sie wie im Beispiel.

☒ der Computer ☐ das Wörterbuch ☐ das Tablet

☐ die Schere ☐ die Lampe ☐ das Heft

☐ die Maus ☐ die Tasse

☐ der Kuli

☐ die Brille ☐ der Schlüssel

Da ist ein Computer. Da ist kein Tablet.

c Ergänzen Sie die Dialoge wie im Beispiel.

1. Funktioniert die Lampe?   Nein, _sie_ ist kaputt.

2. Wo ist mein Bleistift?   Dein Bleistift? Vielleicht ist .... zu Hause.

3. Ist dein Computer kaputt?   Nein, ... ist nicht kaputt. Aber der Monitor ist schwarz.

4. Mein Handy ist kaputt!   .... ist neu und schon kaputt?

5. Wo ist mein USB-Stick?   Dein USB-Stick? Hier ist ....!

6. Ist deine Brille neu?   Ja, ... ist neu.

d Schreiben Sie zu jedem Bild zwei Sätze.

meintabletistweg.   erfunktoniertnicht.   esistvielleichtzuhause.   dielampefunktioniertnicht.

~~meinmonitoristkaputt.~~   sieistkaputt.

Mein Monitor ist kaputt.   ....

7 Aussprache: lange und kurze Vokale

♫ 1.73   **a** Hören Sie die Wörter und achten Sie auf die **markierten** Vokale.

Tafel • Lampe • Heft • Schere • Schlüssel • Brille • Radiergummi • Stuhl • Poster

b Schreiben Sie die Wörter aus 7a mit Artikel in die Tabelle. Markieren Sie lang _ oder kurz .

lang _	kurz .
die Tafel	

8 Bitten und Aufforderungen

a Schreiben Sie die Bitten.

1. Frau Dahms / fragen / bitte / Sie /.   _1. Fragen Sie bitte Frau Dahms._

2. Ihren Vornamen / buchstabieren / bitte / Sie /.

3. die Frage / wiederholen / bitte / Sie /.

4. das Wort / lesen / bitte / Sie /.

5. eine E-Mail / schreiben / bitte / Sie /.

b Ordnen und schreiben Sie die Dialoge.

○ Gerne: 6-9-1-2-1.
○ Sie ist 69-121.
● Wie ist Ihre Postleitzahl, bitte?
● Wiederholen Sie, bitte.

....
....
....
....

○ Das weiß ich nicht. Fragen Sie bitte
  Frau Dahms.
● Wo wohnt Herr Puente?
● Das mache ich, danke.

....
....
....
....

c Ergänzen Sie die Anweisungen.

.......*Lesen Sie*....... den Text.

.... die Verben.

.... die Sätze.

.... den Dialog.

.... den Dialog.

.... den Text.

~~lesen~~ • hören • ordnen • markieren • ergänzen • schreiben

9 Maria braucht Hilfe.

1.74 **a** Welche Reaktion passt: a oder b? Kreuzen Sie an. Hören Sie zur Kontrolle.

1. Wie ist die Telefonnummer von Herrn Kaar?
   - ⓐ Hier ist sie: Peterstraße 46.
   - ⓑ Das weiß ich nicht.

2. Wie heißt das auf Deutsch?
   - ⓐ Ich buchstabiere: B-e-r-l-i-n.
   - ⓑ Wörterbuch, das Wörterbuch.

3. Wie ist der Artikel von „Katze"?
   - ⓐ Hier ist keine Katze.
   - ⓑ *Die*, es heißt *die* Katze.

4. Peter …? Entschuldigung, wie ist der Familienname?
   Wie schreibt man das, bitte?
   - ⓐ Müller, also M-ü-l-l-e-r.
   - ⓑ Ja, richtig, Peter.

b Schreiben Sie die Fragen zu den Antworten.

1.
● *Wie* ....
.... ?
○ „Straßenbahn" schreibt man so:
  S-t-r-a-ß-e-n-b-a-h-n.

2.
● ....
.... ?
○ Das heißt auf Deutsch „Fahrrad".

3.
● ....
.... ?
○ Die, die Brille.

c Wie, wo, wer? – Schreiben Sie Fragen zu den Bildern.

Bayerstraße? Ⓐ
Wie? Ⓑ
Wo? Ⓒ
Wer? Ⓓ

Kontakte
Name Anke Schubert
Telefon

Wo ist die Bayerstraße? • Wie ist die Telefonnummer von Anke? • Wo ist meine Brille? • Wer ist das?

LEICHTER LERNEN

Wiederholen

a Sehen Sie die Grafiken an. Welche Aussage ist richtig: A oder B? Kreuzen Sie an.

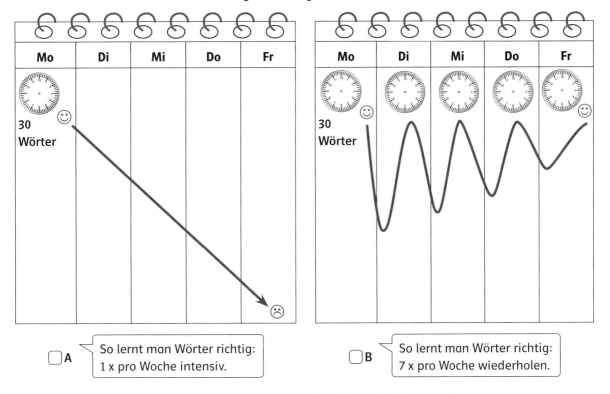

☐ **A** So lernt man Wörter richtig:
1 x pro Woche intensiv.

☐ **B** So lernt man Wörter richtig:
7 x pro Woche wiederholen.

b Testen Sie den Tipp. Wiederholen Sie 30 Wörter aus Kapitel 1 und 2 jeden Tag 5 Minuten.
Beachten Sie auch die Tipps von den Seiten 27 und 34.

RICHTIG SCHREIBEN

a Was ist richtig? Markieren Sie.

1. Verben schreibt man groß/klein.
2. Nomen schreibt man groß/klein.
3. Am Satzanfang schreibt man groß/klein.
4. Am Satzende steht ein Punkt (.) / Komma (,).
5. Frage: Am Ende steht ein Punkt (.) / Fragezeichen (?).

Maria lernt Deutsch.
Die Brille ist weg.
Das ist kein Hund.
Das ist eine Katze.
Ist das ein Fahrrad?

b Schreiben Sie die Texte.

1. hallomariaistdasdeinschirmjadasistmeinschirmeristneuabereristkaputterfunktioniertnicht

   Hallo, Maria, ist ....

   ....

2. istdaseinekatzeneindasistkeinekatzedasisteinhund

   ....

3. wieistdietelefonnummervonfraucanaledasweißichnichtfragensiebittefraudumitru

   ....

   ....

4. wieheißtdasaufdeutschdasheißtfahrraddasistmeinfahrrad

   ....

Mein Deutsch nach Kapitel 3

Das kann ich:

Dinge benennen

👥 **Fragen und antworten Sie.**

> Wie heißt das?   Wörterbuch, das Wörterbuch >

> Was ist das?   Das ist ein/eine … >

Dinge erfragen und benennen

👥 **Fragen und antworten Sie.**

> Ist das ein Kuli?   Ja, das ist ein/mein Kuli. >

> Ist das ein Kuli?   Nein, das ist kein Kuli.
> Das ist … >

Aufforderungen verstehen und machen

buchstabieren   lesen
hören   …

👥 **Formulieren Sie Aufforderungen. Reagieren Sie.**

● Buchstabieren Sie, bitte.
○ K-u-l-i.

um Hilfe bitten / nach Informationen fragen

Telefonnummer von …?
MENNERT oder MÄNNERT?
Kuli: der, das, die?

👥 **Fragen und antworten Sie.**

Wie ist …?
Wie schreibt man …?
Was ist …?

www → A1/K3

Das kenne ich:

Ⓖ

bestimmter Artikel		unbestimmter Artikel / *kein* / Possessivartikel	
maskulin	der Kuli	**maskulin**	Das ist ein / kein / mein / dein Kuli.
neutrum	das Heft	**neutrum**	Das ist ein / kein / mein / dein Heft.
feminin	die Brille	**feminin**	Das ist eine / keine / meine / deine Brille.

unbestimmter und bestimmter Artikel

Das ist ein Kuli.
   ↳Der Kuli ist neu.

Das ist ein Buch.
   ↳Das Buch ist neu.

Das ist eine Brille.
   ↳Die Brille ist neu.

Artikel und Personalpronomen

Der Monitor funktioniert nicht.
   ↳ **Er** ist kaputt.
Das Handy ist hier.
   ↳ **Es** ist neu.
Die Brille ist nicht hier.
   ↳ **Sie** ist zu Hause.

Aufforderungen: *Sie*

Verb: Position 1

Buchstabieren   Sie,   bitte.

Lesen   Sie   die Dialoge.

Ⓖ

Einen Kaffee, bitte.

die Bedienung

Hallo, Dana! Ein Wasser und eine Cola, bitte.

der Gast

Hallo, ist hier noch frei?

Mmm … lecker!

Zahlen, bitte!

1 In der Cafeteria

🎧 1.75–78 **a** **Hören Sie. Ordnen Sie die Dialoge den Fotos zu.**

Dialog 1: _B_ Dialog 2: _____ Dialog 3: _____ Dialog 4: _____

b **Speisen und Getränke – Welche Wörter kennen Sie schon? Sammeln Sie im Kurs.**

c **Ja, gerne! Nein, danke! – Sprechen Sie.**

Kuchen?

Nein, danke. Kaffee?

Ja, gerne. Pizza?

Lernziele

Sprechen fragen, wie es geht; jemanden vorstellen; in der Cafeteria bestellen und bezahlen; Preise nennen, verstehen und erfragen; ein Kursfest planen | **Hören** Preise | **Schreiben** eine Preisliste; eine Einkaufsliste | **Lesen** eine Speisekarte; eine Nachricht vom Kursfest | **Beruf** ein Gespräch am Arbeitsplatz verstehen

2 Wie geht's?

🎧 1.79–80 a Hören Sie. Wie geht es den Personen? Notieren Sie: ☺☺, ☺ oder ☺.

☺☺ sehr gut
☺ gut
☺ es geht

1. Sofia: ☺....... Dana: ....

2. Frau Krüger: ....

🎧 1.81–82 b Hören Sie weiter. Was passt?
Ordnen Sie zu.

1. Sofia	a) ist der Freund von Dana.
2. Dana Nowak	b) ist die Chefin.
3. Frau Krüger	c) arbeitet heute in der Cafeteria.
4. Ben Bieber	d) ist eine Kollegin von Dana.

c Lesen Sie. Markieren Sie in Dialog 1 die Formen von *arbeiten*.
Ergänzen Sie die Tabelle.

Ⓖ

arbeiten

ich	arbeit_e_.....
du	arbeite........
er/es/sie	arbeitet
wir	arbeit........
ihr	arbeitet
sie/Sie	arbeit........

Dialog 1

- Hallo, Sofia. Wie geht's?
- ○ Hallo, Dana. Danke, gut. Und wie geht's dir?
- Es geht. Ich arbeite heute in der Cafeteria und ich bin so müde!
- ○ Oh … Aber morgen arbeitest du nicht, oder?
- Nein, da habe ich frei.
  Ah, hallo, Ben. Ben, das ist Sofia.
  Wir arbeiten zusammen in der Cafeteria.
  Sofia, das ist mein Freund Ben.
- ◑ Hallo, Sofia!

Dialog 2

- Guten Tag, Frau Krüger.
  Wie geht es Ihnen?
- ○ Danke, sehr gut. Sind Sie müde, Frau Nowak?
- Ja, ein bisschen.
- ○ Dann machen Sie jetzt Feierabend.
- Danke.
  Hallo, Ben! Frau Krüger, das ist mein Freund, Ben Bieber. Ben, das ist meine Chefin, Frau Krüger.
- ○ Guten Tag, Herr Bieber.

d Lesen Sie die Dialoge laut.

ihr sprecht

👥 e Ein Spiel – Schreiben Sie die Verben auf Zettel, würfeln Sie und sprechen Sie.

sprechen

haben • sein • heißen • kommen • wohnen • lernen • sprechen • arbeiten

 = ich   = du   = er/es/sie   = wir   = ihr   = sie/Sie

UND SIE?

Wählen Sie.

Spielen Sie Dialoge mit *du/ihr*.

◀ oder ▶

Spielen Sie Dialoge mit *Sie*.

Hallo, Karim. Hallo, Nadia, wie geht es euch?

Guten Tag, Herr Leupert, wie geht es Ihnen? …

Danke, gut, und dir?
Das ist …

…

…

Ⓖ

Wie geht es …?

du – Wie geht es dir?
ihr – Wie geht es euch?
Sie – Wie geht es Ihnen?

3 Wie viel kostet ...?

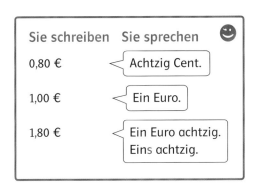

🎧 1.83   a Hören Sie und ergänzen Sie die Preisliste.

Speisekarte
❋

Getränke ☕

Tee	1,60 €
Kaffee	*1,80* €
Wasser	1,20 €
Cola	.... €
Apfelsaft	1,70 €
ein Glas Milch	1,40 €

Obst 🍌🍎

Apfel	0,60 €
Banane	0,90 €
Kiwi	.... €

Speisen 🍴

Kuchen 🧁	2,00 €
Apfelkuchen	
Käsekuchen	
Brötchen 🥖	2,00 €
Käsebrötchen	
Schinkenbrötchen	
Minipizza 🍕	.... €
Brezel	1,10 €

Sie schreiben	Sie sprechen 😊
0,80 €	Achtzig Cent.
1,00 €	Ein Euro.
1,80 €	Ein Euro achtzig. Eins achtzig.

🎵 1.84   b Aussprache: Hören Sie und markieren Sie den Wortakzent bei den Nomen: _ lang oder • kurz?

Käse – der Käse – Brötchen – das Brötchen – das Käsebrötchen

Wie viel kostet das Käsebrötchen? – Das Käsebrötchen kostet zwei Euro.

Apfel – der Apfel – Saft – der Saft – der Apfelsaft

Wie viel kostet der Apfelsaft? – Der Apfelsaft kostet ein Euro siebzig.

(G)

Komposita

der Käse + das Brötchen = das Käsebrötchen

c Hören Sie noch einmal und sprechen Sie nach.

👥   d Ihre Preisliste – Schreiben Sie Speisen, Getränke und Ihre Preise. Fragen und antworten Sie.

die Cola
das Glas Milch
der Käsekuchen
die Brezel
das Käsebrötchen
die Minipizza
der Apfelsaft
die Banane

Wie viel kostet die Cola?

Zwei Euro.

Wie viel kostet das Glas Milch?

1.85 **a** Hören Sie den Dialog. Was möchten die Personen? Kreuzen Sie an.

Frau Fritsche ① ☐ ② ☐ ③ ☐ ④ ☐

Herr Bender ① ☐ ② ☐ ③ ☐ ④ ☐

b Lesen Sie den Dialog und ergänzen Sie die Tabelle unten.

● Guten Tag, Frau Fritsche. Was möchten Sie, bitte?
○ Ich möchte einen Tee.
● Und Sie, Herr Bender? Möchten Sie auch einen Tee?
◑ Nein, keinen Tee. Lieber ein Wasser, bitte.
○ Und ich möchte eine Banane, bitte.
◑ Ich möchte ein Brötchen.
● Ein Schinkenbrötchen oder ein Käsebrötchen?
○ Ein Käsebrötchen, bitte.
● Ja, gerne. Das macht dann fünf Euro siebzig.

möchten	G
ich	möchte
du	möchtest
er/es/sie	möchte
wir	möchten
ihr	möchtet
sie/Sie	möchten

FOKUS **Akkusativ** G

	maskulin	neutrum	feminin
Nominativ			
Das ist …	ein/kein Tee.	ein/kein Wasser.	eine/keine Banane.
Akkusativ			
Ich möchte …	ein....... / kein......... Tee.	.... / .... Wasser.	.... / .... Banane.

c Ergänzen Sie und lesen Sie dann den Dialog laut.

● Was möchten Sie, bitte?

○ Ich möchte ...*einen*... Tee. Und du? Möchtest du .... Kaffee?

◑ Nein, k.................... Kaffee. .... Wasser, bitte.

○ Ich möchte auch Kuchen.

● .... Apfelkuchen oder .... Käsekuchen?

○ .... Käsekuchen, bitte.

● Ja, gerne.

◑ Und ich möchte .... Pizza.

d Sprechen Sie.

der Tee • der Kaffee • das Wasser • die Cola • der Apfelsaft • der Apfelkuchen • der Käsekuchen •
das Käsebrötchen • das Schinkenbrötchen • die Brezel • die Pizza • der Apfel • die Banane • die Kiwi

⌐ Ich möchte einen Tee, und du? ⌐ Ich möchte einen Apfelsaft, und du?

5 Aussprache: e und ö

a Sprechen Sie „e" und machen Sie den Mund rund: „ö".

eee

ööö

b Sprechen Sie.

e-ö e-ö e-ö e-ö
sehr schön sehr schön
sehr schön sehr schön

♫ 1.86 **c** Hören Sie und sprechen Sie nach.

Tee, sechzehn, Brezeln, sehr, gerne
möchte, zwölf, Brötchen, schön
Sechzehn Brezeln, bitte!
Sehr gerne. Möchtest du Brötchen? Ich möchte zwölf Brötchen.

K4–2 **6 Dialoge in der Cafeteria**

Hören Sie und kreuzen Sie an: ⓐ, ⓑ oder ⓒ?

🎧 1.87 1. Wie geht es Frau Fritsche?

 ⓐ Es geht.   ⓑ Gut.   ⓒ Sehr gut.

🎧 1.88 2. Was möchte Jan?

 ⓐ Einen Apfel.   ⓑ Eine Banane.   ⓒ Einen Kuchen.

🎧 1.89 3. Was kostet ein Käsebrötchen?

ⓐ 2,00 €.   ⓑ 2,20 €.   ⓒ 2,80 €.

UND SIE?

Schreiben und spielen Sie Dialoge in der Cafeteria. Wählen Sie.

Arbeiten Sie zu zweit. ◀ oder ▶ **Arbeiten Sie zu dritt.**

Guten Tag. Was möchten Sie, bitte?

Ich möchte …

Möchten Sie auch …?

Nein, kein …
Lieber ein …

Das macht dann …

CAFETERIA

CAFETERIA

Ja, gerne.

7 Ein Kursfest vorbereiten

a Was haben Dana und Sofia noch nicht? Markieren Sie auf der Liste und sprechen Sie.

Minipizzas
Brote
Brötchen
Brezeln
Kuchen
Äpfel
Bananen
Tassen

Wasser
Saft
Tee
Kaffee
Milch
Zucker
Gläser
Stühle

> Sie haben noch kein Wasser, keine …

🎧 1.90 **b** Hören Sie zur Kontrolle.

🎧 1.91 **c** Wie viele …? Hören Sie und ergänzen Sie die Zahlen.

...2... Brote • .... Brötchen • .... Brezeln • .... Äpfel • .... Bananen • .... Gläser • .... Tassen • .... Stühle

d Ergänzen Sie die Tabelle und markieren Sie: Was ist im Plural anders?

FOKUS Singular und Plural (G)

Singular	Plural
das Brot	die Brot_e_
das Brötchen	die Brötchen
die Banane	die Banane.....
der Apfel	die .....pfel
der Stuhl	die St.....hl.....
das Glas	die Gl.....s.....
die Minipizza	die Minipizza.....

Lernen Sie Nomen immer mit Artikel und Plural. 😊

das Brot, die Brote

e Arbeiten Sie mit dem Wörterbuch. Notieren Sie zehn Nomen aus den Kapiteln 1–4 auf Zettel.
Ergänzen Sie Artikel und Plural auf der Rückseite. Tauschen Sie Ihre Zettel. Spielen Sie.

Brille

> Brille   die Brille – die Brillen

UND SIE?

Was brauchen Sie für Ihr Kursfest? Schreiben Sie eine Liste.
Vergleichen Sie dann mit einer anderen Gruppe.

8 Brötchen
CD-Player
10 Brezeln

8 Das Kursfest

a Eleni fragt. Welche Antworten passen? Ordnen Sie zu.

1. ● Haben wir Minipizzas?

2. ● Und wo sind die Kuchen?

3. ● Hallo, Ben. Wo sind deine Kuchen?

a) ○ Die Kuchen hat Ben. Er kommt sofort.

b) ○ Nein, wir haben Brezeln.

c) ◑ Hier sind meine Kuchen. Ein Apfelkuchen und ein Käsekuchen.

G

Artikel im Plural

Singular	Plural
der, das, die	die
ein, eine	—
mein, meine	meine
kein, keine	keine

Plural: Die Artikel sind im Nominativ und Akkusativ gleich.

🎧 1.92
👥

b Hören Sie zur Kontrolle und lesen Sie den Dialog zu dritt.

c Lesen Sie die Nachricht. Wo ist Pablo?

Hallo, Pablo, viele Grüße vom Kursfest. Das Essen ist super! ☺ Wir haben ① Brezeln und ② Kuchen. Leider haben wir ③ Minipizzas. ☹ Aber ④ Brezeln sind auch sehr gut. Und hier sind ⑤ Kuchen: ein Apfel-kuchen und ein Käsekuchen. Na, hast du Hunger ☺? Machst du auch ein Fest? Viel Spaß noch in León und bis bald, Ben

15:38

d Lesen Sie noch einmal. Welcher Artikel passt wo? Kreuzen Sie an.

1 ⓐ die
ⓧ —

2 ⓐ —
ⓑ keine

3 ⓐ keine
ⓑ meine

4 ⓐ —
ⓑ die

5 ⓐ meine
ⓑ keine

e Schreiben Sie auch eine Nachricht wie in 8c. Ihre Liste aus 7 hilft.

Hallo, ...,
viele Grüße vom Kursfest. Das Essen ist ...
Wir haben ... Leider haben wir ...

🔑 K4

👥

VORHANG AUF

Spielen Sie einen Dialog zu einer Zeichnung. Die anderen raten: Zu welcher Zeichnung passt Ihr Dialog?

ÜBUNGEN

1 In der Cafeteria

a Was passt zusammen?
Ordnen Sie zu.

1. Hallo, wie geht's?
2. Ist hier frei?
3. Zahlen, bitte!
4. Mmm … der Kuchen ist lecker!
5. Hallo, Dana. Ich möchte ein Wasser und eine Cola, bitte.

a) Ja, er ist super!
b) Das macht dann 9 Euro 50, bitte.
c) Ja, klar.
d) Gerne!
e) Danke, sehr gut!

b Speisen und Getränke – Schreiben Sie die Wörter.

1 die Pizza

2 Wie geht's?

a Was passt? Unterstreichen Sie.

1. ● Hallo, Ben. Wie geht es
   Ihnen/dir?
   ○ Guten Tag, Sofia. Danke, gut.
   Und wie geht es Ihnen/dir?

2. ● Guten Tag, Frau Fritsche.
   Wie geht es dir/Ihnen?
   ○ Es geht. Und Ihnen/dir,
   Herr Bender?

3. ● Hallo, Eleni. Hallo, Pablo!
   Wie geht es dir/euch?
   ○ Hallo, Dana. Hallo, Ben!
   Super, und Ihnen/euch?

b Ergänzen Sie die Dialoge.

1. ● Guten Tag, Fr___ Dahms, w___ geht e_ Ihnen?
   ○ Dan___, sehr gu_, und Ihn___?
   ● Au___ gut , dan___.

2. ● Guten Tag, Pablo! Wie ge___ es di_?
   ○ Gut, u___ dir ?
   ● Se___ gut .

3. ● Hallo, Oliver. Hal___, Eleni! W___ geht e_ euch?
   ○ Hallo, Jan. Hal___, Karin. Es ge___.
   Und wie ge___ es eu___?
   ● G___, danke.

c Ergänzen Sie die Verben in der richtigen Form.

● Hallo, Ben, wie geht's?

○ Hallo, Oliver. Danke, gut. Und wie (1) _geht_ es dir?

● Es (2) .... Ich (3) .... müde, ich

(4) .... schon sehr lang in der Cafeteria!

○ Oh … (5) .... du morgen auch?

● Nein, da (6) .... ich frei. Und du und Dana,

(7) .... ihr morgen?

○ Nein, wir (8) .... auch frei.

● Ah, das (9) .... gut!

arbeitet • geht • habe • arbeite • arbeitest • haben • bin • ist • geht

3 Wie viel kostet …?

a Schreiben Sie die Zahlen.

1. 21 _einundzwanzig_ .... 2. 33 .... 3. 47 ....

4. 55 .... 5. 80 .... 6. 99 ....

♫ 1.93 b Wie viel kostet das? Hören Sie und kreuzen Sie an.

der Apfelsaft	das Wasser	die Cola	das Brötchen	die Pizza
ⓐ 0,80 €	ⓐ 1,90 €	ⓐ 3,00 €	ⓐ 2,20 €	ⓐ 1,60 €
☒ 1,80 €	ⓑ 0,90 €	ⓑ 2,00 €	ⓑ 1,80 €	ⓑ 6,70 €
ⓒ 1,18 €	ⓒ 1,99 €	ⓒ 2,10 €	ⓒ 2,00 €	ⓒ 7,60 €

♫ 1.94 c Hören Sie und notieren Sie die Preise.

die Cola _2,10 €_ der Tee .... die Brezel ....

das Wasser .... die Pizza .... der Kuchen ....

der Kaffee .... das Brötchen .... die Banane ....

d Komposita – Ergänzen Sie die Artikel.

1. _der_ Käse + _das_ Brötchen = _das_ Käsebrötchen

2. .... Apfel + ... Saft = ... Apfelsaft

3. .... Apfel + ... Kuchen = ... Apfelkuchen

4. .... Schinken + ... Brötchen = ... Schinkenbrötchen

5. .... Telefon + ... Nummer = ... Telefonnummer

6. .... Handy + ... Nummer = ... Handynummer

7. .... Sprache + ... Kurs = ... Sprachkurs

4 Ich möchte ...

a In der Cafeteria – Was sagt die Bedienung?
Was sagt der Gast?

~~Guten Tag. Was möchten Sie, bitte?~~

Ich möchte einen Tee.

Wie viel kostet das?

Das kostet ein Euro sechzig.

Haben Sie auch Kuchen?

Heute leider nicht.

Bedienung   Gast

• *Guten Tag. Was möchten Sie, bitte?* ....

....

....

b Ergänzen Sie die Personalpronomen.

Möchtest *du* einen Kaffee?   Nein, danke, ... möchte lieber ein Wasser.

Möchtet .... Pizza?   Ja, gerne, und .... möchten bitte auch zwei Cola.

c Ergänzen Sie die Verbformen.

1. Was möcht *est* du?

2. Ich möcht.......... ein Wasser, bitte.

3. Möcht.......... ihr Kaffee oder Tee?

4. Wir möcht.......... Kaffee, bitte. Und Eva möcht.......... einen Kuchen und ich eine Brezel, bitte.

5. Möcht.......... Anna und Lisa Cola?

d Wer möchte was? Schreiben Sie.

1. Dana: Tee, Apfelkuchen   *Dana möchte einen Tee und einen Apfelkuchen.*

2. Eleni und Pablo: Kiwi, Kaffee, Cola   ....

3. Frau Fritsche: Tee, Banane   ....

4. Herr Bender: Wasser, Käsebrötchen   ....

5 Aussprache: lange und kurze Vokale

♫ 1.95   **Hören Sie den Dialog und ergänzen Sie. Markieren Sie: _ lang oder . kurz.**

● G_U_ten T_a_g. H__ben S___ _A_pfelk_chen?

○ J__, m_chten S___ auch K_ff___?

● Nein d__nk__, __ch m_cht_ l___ber C_l_.

○ D__s k_st_t drei Eur_ f_nfz_g.

6 Dialoge in der Cafeteria

a Welche Antwort passt? Kreuzen Sie an.

1. Hallo, Frau Fritsche! Wie geht es Ihnen?
   - ☒ Gut, danke!
   - ☐ Nein, danke!

2. Hallo, Dana! Habt ihr heute keinen Kuchen?
   - ☒ Der Kuchen ist sehr gut.
   - ☐ Nein, der Kuchen ist heute leider schon weg.

3. Wie viel kostet eine Banane?
   - ☒ Hier, bitte.
   - ☐ 90 Cent, bitte.

4. Guten Tag, was möchten Sie, bitte?
   - ☒ Eine Cola und ein Schinkenbrötchen.
   - ☐ Lieber ein Käsebrötchen, bitte.

b Schreiben Sie die Fragen.

1. _Wie geht es Ihnen_ ? Danke, es geht.
2. .... ? Ich möchte eine Brezel, bitte.
3. .... ? Nein, lieber einen Kuchen, bitte.
4. .... ? Nein, die Käsebrötchen sind schon weg.
5. .... ? Ein Euro sechzig.

Was möchten Sie, bitte? • Was kostet der Tee? • Wie geht es Ihnen? • Möchten Sie auch eine Brezel? • Haben Sie Käsebrötchen?

🎧 1.96 **c** Ordnen Sie den Dialog. Hören Sie zur Kontrolle und schreiben Sie.

.... Gut, dann ein Käsebrötchen und ein Wasser, bitte.

.... Zwei Euro zwanzig? So viel?

_1_ Ich möchte gerne ein Käsebrötchen. Wie viel kostet das, bitte?

.... Entschuldigung. Zwei Euro zwanzig kostet das Schinkenbrötchen, das Käsebrötchen kostet zwei Euro.

.... Zwei Euro achtzig, bitte.

_2_ Ein Brötchen … zwei Euro zwanzig.

● _Ich möchte gerne ein Käsebrötchen. Wie viel kostet das, bitte?_

....

....

....

....

....

....

7 Ein Kursfest vorbereiten

a Wie viele ... sind noch da? Zählen Sie und schreiben Sie.

1) *drei Kiwis*

2)

b Schreiben Sie den Plural zu den Nomen. Das Wörterbuch hilft.

die Tasse *die Tassen*	das Heft	der Laptop
der Bleistift	die Schere	das Handy
der Kuli	der Kalender	der Schlüssel
das Buch	der Tisch	die Tasche

8 Das Kursfest

a Pablos Antwort. Ergänzen Sie die Artikel im Plural.

Die — keine — Deine — ~~meine~~ — Meine

Hallo, Ben,

viele Grüße aus León. Das sind (1) *meine* Freunde: Luis und Raul. Wir machen

heute auch ein Kursfest. Wir haben (2) Brezeln und (3)

Brötchen und Käse.

(4) Freunde sagen: (5) Brezeln aus Deutschland sind

sehr gut! Leider haben wir (6) Kuchen. Leider bist du nicht hier!

(7) Kuchen sind sehr lecker!

Bis bald, Pablo

b Schreiben Sie die Sätze im Plural.

1. Die Minipizza ist heute nicht gut.

   1. Die Minipizzas sind heute nicht gut.

2. Ich möchte keinen Apfel, ich möchte eine Banane.

3. Die Banane ist lecker.

4. Wir brauchen noch einen Stuhl.

5. Der Stuhl ist in der Cafeteria.

6. Dein Freund ist sehr nett.

c Schreiben Sie fünf Sätze.

Freunde   Brötchen   sind   die   kaputt   schön

Meine/Deine   Kuchen

Pizzas   Fotos ...   –   nett

Die   haben   lecker   toll

Ich   möchten   neu

Wir   brauchen   keine   alt

Deine Freunde sind nett.
Wir brauchen Brötchen.

LEICHTER LERNEN

Mit Bildern lernen

a Machen Sie Lernkarten mit Bildern.

das Auto, die Autos

Ich habe kein Auto.

das Haus, die Häuser

b Spielen Sie. Sagen Sie das Wort mit Plural. Richtig? Dann bekommen Sie die Karte.

das Auto, die Autos

Okay, du bekommst die Karte!

RICHTIG SCHREIBEN

🎧 1.97 **Lange Vokale – Hören Sie. Schreiben Sie e oder h.**

Wie ge__t es I__nen?

Arbeitet i__r morgen?

Möchten Si__ Te__?

Wir möchten li__ber Kaffe__.

Die Brezeln sind se__r gut.

Ze__n Kiwis.

Mein Deutsch nach Kapitel 4

Das kann ich:

fragen, wie es geht

jemanden vorstellen

Preise nennen und verstehen

- Wie viel kostet ein Tee, bitte?
- Ein Euro sechzig.

etwas bestellen

> Was möchten Sie?

> Einen Kaffee und eine Brezel, bitte.

ein Kursfest planen

Spielen Sie.

Tom ☺ und Mara ☺
Herr Bender ☺ und Frau Fritsche ☺ ☺

Ergänzen Sie. Spielen Sie: Stellen Sie eine Person vor und reagieren Sie.

- Guten …, Frau Seidel. Das … Herr Lu.
  Er … jetzt auch hier.
- Guten Tag, Herr Lu.

Fragen und antworten Sie.

- Kaffee?   ○ 1,80 €
- Cola?   ○ 2,00 €
- Minipizza   ○ 2,40 €
- Käsebrötchen   ○ 2,00 €

Spielen Sie Dialoge.

- …?   ○ Wasser, Minipizza
- …?   ○ Tee, Käsekuchen
- …?   ○ Cola, Apfel

Was brauchen Sie für Ihr Kursfest? Schreiben Sie eine Liste.

www → A1/K4

Das kenne ich:

Ⓖ

Personalpronomen und Konjugation

	möchten	arbeiten
ich	möchte	arbeite
du	möchtest	arbeitest
er/es/sie	möchte	arbeitet
wir	möchten	arbeiten
ihr	möchtet	arbeitet
Sie/sie	möchten	arbeiten

unbestimmter Artikel und Nomen: Nominativ Singular

	maskulin (der)	neutrum (das)	feminin (die)
Das ist	ein/kein Tee.	ein/kein Wasser.	eine/keine Banane.

unbestimmter Artikel und Nomen: Akkusativ Singular

	maskulin	neutrum	feminin
Ich möchte	einen/keinen Tee.	ein/kein Wasser.	eine/keine Banane.

Artikel im Singular und Plural

Singular	der, das, die	ein, eine	kein, keine	mein, meine	dein, deine
Plural	die	—	keine	meine	deine

Nomen: Plural

¨ / –	-e / ¨e	-n / -en	-er / ¨er
der Apfel / die Äpfel	der Tisch / die Tische	die Banane / die Bananen	das Bild / die Bilder
der Kuchen / die Kuchen	der Stuhl / die Stühle	der Student / die Studenten	das Buch / die Bücher

-s
das Handy / die Handys

Ⓖ

HALTESTELLE

1 Berufe

a Wie heißen die Berufe? Schreiben Sie die Berufe zu den Fotos.

~~Be~~ ~~nung~~ In fah ~~die~~ ge re nieur rin Leh Bus rer

> Mit Milch und Zucker?

> Vielen Dank

Bedienung

> Ich komme.

> Wie heißt das auf Deutsch?

🎧 1.98
👥

b Hören Sie. Welcher Dialog 1–2 passt zu welchem Foto A–D?

c Kaffeeflecken – Ergänzen Sie die fehlenden Wörter.

Kamila ist 24 Jahre 🔵
und 🔵 aus Syrien.
Sie lernt Deutsch und 🔵
als Krankenschwester.
Sie 🔵 Arabisch und
Englisch. Sie arbeitet viel.

Renato 🔵 32 Jahre.
Er spricht Portugiesisch
und Italienisch. Er 🔵
Deutsch mit Kamila und
Danuta. Er 🔵 als
Busfahrer.

Danuta ist 25 🔵 alt
und spricht schon gut Deutsch.
Sie 🔵 aus Litauen.
In Litauen ist sie Lehrerin.
Hier in Deutschland arbeitet
sie 🔵 Verkäuferin.

Kamila ist 24 Jahre alt ...

2 Spielen und wiederholen

a Wählen Sie ein Thema und schreiben Sie fünf bis zehn Wörter mit Artikel auf einen Zettel.

Deutschkurs   Cafeteria   Das bin ich.

der Kuli, ...   *der Kaffee, ...*   *der Name, ...*

b Artikelgymnastik – Alle stehen. Lesen Sie die Wörter aus 2a ohne Artikel laut. *Der*, *das* oder *die*?
Der Kurs reagiert wie in den Bildern.

Kuli   Heft   Cafeteria

c Artikel-Plural-Spiel – Spielen Sie in zwei Gruppen. Gruppe A und B notieren je zehn Wörter mit Artikel und
Plural. Dann sagt A ein Wort und B wiederholt das Wort mit Artikel und Plural.

das Brötchen – die Brötchen   *das Heft – die Hefte*
der Stuhl – die Stühle   *die Lampe – die Lampen*
das Glas – die ...   *der Kuli – ...*
...   *...*

Gruppe A   Brötchen?   Gruppe B   das Brötchen – die Brötchen

d Was ist es? – Verstecken Sie einen Gegenstand unter einem Tuch. Die anderen fühlen den Gegenstand
und raten.

Das ist ein Kuli.   Nein, das ist kein Kuli.
Das ist ein Bleistift.

e Buchstabensalat – Ein Kursteilnehmer / Eine Kursteilnehmerin
schreibt ein Wort als Buchstabensalat an die Tafel.
Wer das Wort findet, schreibt das nächste Wort an die Tafel.

die Cafeteria!

f Einkaufsspiel – Spielen Sie Verkaufsdialoge. Tauschen Sie die Rollen.

HB – 2

● Was möchten Sie, bitte? ○ Ich möchte einen USB-Stick.
● Hier, bitte. ○ Was kostet der USB-Stick?
● 8 Euro 75.

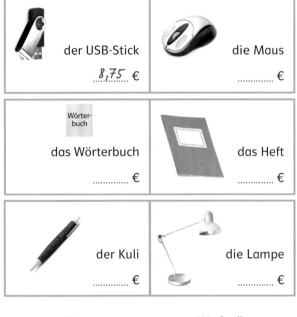

A: **Käufer/in**

der USB-Stick	die Maus
8,75 €	.... €
das Wörterbuch	das Heft
.... €	.... €
der Kuli	die Lampe
.... €	.... €

die Lampe 23,99 €	der Kuli 12,49 €
das Heft 0,45 €	das Wörterbuch 9,99 €
die Maus 14,99 €	der USB-Stick 8,75 €

B: **Verkäufer/in**

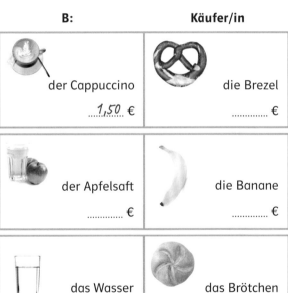

B: **Käufer/in**

der Cappuccino	die Brezel
1,50 €	.... €
der Apfelsaft	die Banane
.... €	.... €
das Wasser	das Brötchen
.... €	.... €

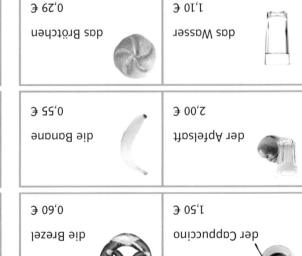

das Brötchen 0,29 €	das Wasser 1,10 €
die Banane 0,55 €	der Apfelsaft 2,00 €
die Brezel 0,60 €	der Cappuccino 1,50 €

A: **Verkäufer/in**

g Schreibdialog – Wählen Sie ein Thema. A schreibt eine Dialogzeile und gibt das Blatt B. B schreibt eine Reaktion und gibt das Blatt A usw.

Hallo, Marco.
Hallo, Nelli.
Wie geht's?
Danke gut. Wie geht's dir?
Auch gut. Möchtest du einen Kaffee?
...

begrüßen essen
Sprache Herkunft
Alter Deutschkurs
Deutsch vorstellen
Telefon Nationalität
E-Mail Wohnort
trinken Beruf

Kennen Sie D-A-CH?

Spielen Sie. Würfeln Sie eine Zahl und gehen Sie auf die Position. Lesen Sie. Es gibt drei Möglichkeiten:

● **Wie heißt das auf Deutsch?**
Sagen Sie das Wort mit Artikel.

● **Landeskunde D-A-CH**
Lesen Sie die Informationen.

● **Sprechen Sie!**

START

1

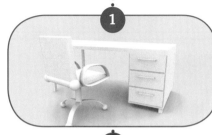

2

Wie geht es Ihnen heute?
Fragen und antworten Sie.

3

4

Sie machen eine Pause.
Lesen Sie die Informationen.

das Alsterwasser (Nord-D)
das Radler (Süd-D und A)
das Panaché (CH)

5

6

Wie heißen Sie?

Buchstabieren Sie
Ihren Namen.

12

Sie machen eine Pause.
Lesen Sie die Informationen.

das Brötchen
die Schrippe (Berlin)
der Weck (Süd-D)
die Semmel (Süd-D, A)
das Weggli (CH)

11

10

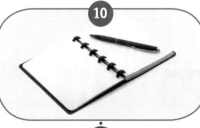

9

Woher kommen Sie?
Fragen und antworten Sie.

8

7

Sie machen eine Pause.
Lesen Sie die Informationen.

das Fahrrad
das Radl (Süd-D und A)
das Velo (CH)

13

Was möchten Sie?

14

15

16

Sie machen eine Pause.
Lesen Sie die Informationen.

die Limonade (Nord-D)
die Brause (Ost-D)
der süße Sprudel (Süd-D)
das Kracherl (A)
die Zitro (CH)

17

18

Sie möchten Kuchen.
Fragen und
antworten Sie.

2,50 €

ZIEL

Was machst du heute? 5

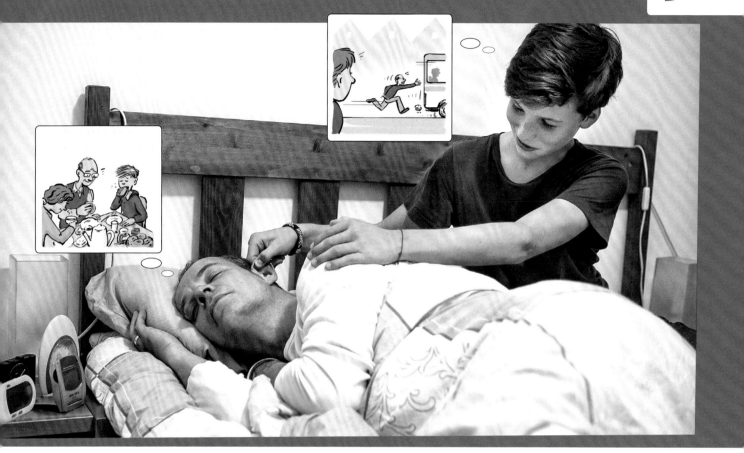

1 Der Langschläfer

🎧 2.1 **a** Hören Sie. Was träumt Markus? Kreuzen Sie an.

① ☐ schlafen ② ☐ fernsehen ③ ☐ frühstücken ④ ☐ Sport machen

⑤ ☐ Gäste einladen ⑥ ☐ kochen ⑦ ☐ spazieren gehen ⑧ ☐ ein Buch lesen

🎧 2.2 **b** Hören Sie weiter. Wer sagt das: Selma, Markus oder Dennis? Schreiben Sie die Namen zu den Sprechblasen.

Selma ‹ Markus, aufwachen!   .... ‹ Der Kaffee ist fertig.   .... ‹ Papa schläft.

.... ‹ Heute ist nicht Sonntag.   .... ‹ Was ist los?

Lernziele

Sprechen Uhrzeit und Wochentag erfragen; über Aktivitäten im Tagesablauf sprechen; nach Abfahrtszeiten fragen |
Hören Dialoge über Freizeitaktivitäten | **Schreiben** einen Tagesablauf; eine Antwort auf eine Einladung | **Lesen** einen
Fahrplan; einen Terminkalender; eine Einladung | **Beruf** Vorgesetzten über Verspätung informieren   65

K5–1 **2 Der Bus**

🎧 2.3   **a** Hören Sie.
Was passiert?

b Uhrzeit offiziell –
Lesen Sie den
Fahrplan. Fragen
und antworten Sie.

◻ Der Bus kommt.   ◻ Der Bus ist weg.

FAHRPLAN

Bus Nr. ③	Bus Nr. ⑪	Bus Nr. ⑮	Bus Nr. ⑥	Bus Nr. ⑭	Bus Nr. ⑯
07:00	06:53	07:02	07:30	08:13	07:38
07:15	07:13	07:20	07:45	08:33	07:50
…	…	…	…	…	…

Wann fährt der Bus Nummer 16?

Er fährt um 7 Uhr 38 und um …

Uhrzeit offiziell: 😊
Sie schreiben: 07:20
Sie sprechen: 7 Uhr 20

🎧 2.4   **c** Hören Sie und ordnen Sie den Dialog.

◻ ○ Halb acht.
◻ ○ Es ist 7 Uhr 30.
① ● Entschuldigung. Wie spät ist es?
◻ ● Wie bitte?

🎧 2.5–8   **d** Uhrzeit inoffiziell – Sie hören vier Dialoge. Welche Uhrzeiten hören Sie? Notieren Sie die Dialognummer.

 ◻ Es ist sieben Uhr.

 ◻ Es ist fünf **nach** sieben.

 ① Es ist Viertel **nach** sieben.

 ◻ Es ist zwanzig **nach** sieben.

 ◻ Es ist halb acht.

 ◻ Es ist zwanzig **vor** acht.

 ◻ Es ist Viertel **vor** acht.

 ◻ Es ist fünf **vor** acht.

e Uhr und Zeiger – Üben Sie wie im Beispiel.

Wie spät ist es?   Es ist Viertel nach neun.

f Wie spät ist es jetzt in … ? Fragen und antworten Sie.

morgens   mittags   nachmittags   abends   nachts

In Deutschland ist es 12:00 • 13:45 • 19:20 • 23:05 • 04:30.

Wie spät ist es jetzt in Delhi • Moskau • Bogota • Toronto • Nairobi?

In Deutschland ist es jetzt zwölf Uhr mittags.
Wie spät ist es in … ?

3 Termine

🎧 2.9 **a** Hören Sie den Dialog. Wann hat Markus Kranz einen Termin? Kreuzen Sie an: a, b oder c?

ⓐ 8:45 Uhr

ⓑ 8:55 Uhr

ⓒ 9:00 Uhr

b Die Woche – Lesen Sie den Terminkalender von Markus. Markieren Sie die Wochentage.

25 Montag		Donnerstag **28**
18:00 Uhr VHS Spanischkurs	Mo 4 11 18 25 Di 5 12 19 26 Mi 6 13 20 27 Do 7 14 21 28 Fr 1 8 15 22 29 Sa 2 9 16 23 30 So 3 10 17 24 1	morgens Termin beim Chef!!!

Freitag **29**

16:30 Uhr Kaffee mit Ron

26 Dienstag ✂

17:00 Friseur

Samstag **30**

19:00 Uhr Fußball ⚽

27 Mittwoch

13:00 Uhr: Mittagessen mit Selma ♥

Sonntag **1**

15:00 Besuch von Pablo ☺

c Lesen Sie den Dialog laut.

● Wann geht Markus zum Friseur?　○ Am Dienstag.
● Um wie viel Uhr?　　　　　　○ Um fünf.

Wann?	**Wochentage:**	Am Montag/Dienstag …
Um wie viel Uhr?	**Uhrzeit:**	Um 9:00 Uhr / 16:30 Uhr …

d Was macht Markus wann? Fragen und antworten Sie.

1. Wann geht Markus zum Friseur?　〈 Am Dienstag um 17 Uhr. 〉　4. Wann trinkt er mit Ron Kaffee?
2. Wann spielt er Fußball?　　　　　　　　　　　　　　　　　5. Wann beginnt der Spanischkurs?
3. Wann isst er mit Selma Mittag?　　　　　　　　　　　　　6. Wann kommt Pablo zu Besuch?

e Beantworten Sie jetzt die Fragen 1–6 genau. Schreiben Sie Sätze wie im Beispiel.

Markus 〈geht〉 am Dienstag um 17:00 Uhr zum Friseur.

Am Dienstag um 17:00 Uhr 〈geht〉 Markus zum Friseur.

…

UND SIE?

👥 Beantworten Sie die Fragen.

〈 Der Deutschkurs ist am Montag, Mittwoch und Freitag. 〉

Wann ist der Deutschkurs?　Wann arbeiten Sie?　Um wie viel Uhr trinken Sie Kaffee?　Was machen Sie am Dienstag um 8.00 Uhr?　…?

4 Der Alltag

a Selmas Tag – Ordnen Sie die Uhrzeiten zu. Was macht Selma wann? Was macht sie von wann bis wann?

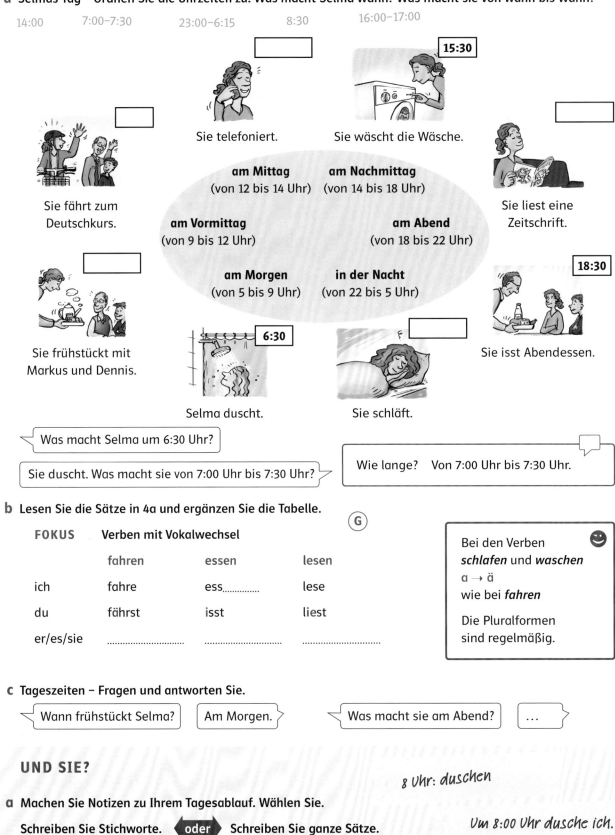

14:00   7:00–7:30   23:00–6:15   8:30   16:00–17:00

15:30

Sie telefoniert.   Sie wäscht die Wäsche.

am Mittag
(von 12 bis 14 Uhr)

am Nachmittag
(von 14 bis 18 Uhr)

Sie fährt zum
Deutschkurs.

am Vormittag
(von 9 bis 12 Uhr)

am Abend
(von 18 bis 22 Uhr)

Sie liest eine
Zeitschrift.

18:30

am Morgen
(von 5 bis 9 Uhr)

in der Nacht
(von 22 bis 5 Uhr)

Sie frühstückt mit
Markus und Dennis.

6:30

Sie isst Abendessen.

Selma duscht.   Sie schläft.

> Was macht Selma um 6:30 Uhr?

> Sie duscht. Was macht sie von 7:00 Uhr bis 7:30 Uhr?

> Wie lange?   Von 7:00 Uhr bis 7:30 Uhr.

b Lesen Sie die Sätze in 4a und ergänzen Sie die Tabelle. Ⓖ

FOKUS	Verben mit Vokalwechsel		
	fahren	essen	lesen
ich	fahre	ess..............	lese
du	fährst	isst	liest
er/es/sie	....	....	....

> Bei den Verben *schlafen* und *waschen* a → ä wie bei *fahren*
>
> Die Pluralformen sind regelmäßig. ☺

c Tageszeiten – Fragen und antworten Sie.

> Wann frühstückt Selma?   Am Morgen.   Was macht sie am Abend?   ...

UND SIE?

8 Uhr: duschen

a Machen Sie Notizen zu Ihrem Tagesablauf. Wählen Sie.

Schreiben Sie Stichworte. **◄ oder ►** Schreiben Sie ganze Sätze.

Um 8:00 Uhr dusche ich.

b Machen Sie Interviews und notieren Sie den Tagesablauf.

> Was machst du am Morgen?   Ich frühstücke um 8 Uhr 30.

5 Laura und Selma skypen.

a Lesen Sie und beantworten Sie die Fragen.

Wo ist Laura? • Was macht Selma? • Wann hat Selma Zeit?

☆ **Laura** Buenos Aires, Argentinien ✓ Online		**Videoanruf** ▾
Laura Hallo Selma ☺. Hast du Zeit?		09:02
Selma Nein, tut mir leid. Ich backe einen Kuchen. Geht's ein bisschen später?		09:04
Laura O.k. Um 10:00 Uhr?		09:05
Selma 10:00 Uhr? Dann ist hier 13:00 Uhr – ja gut! Bis später!		09:07

b Schreiben Sie die Verben zu den Nomen.

besuchen   ~~backen~~   schreiben   machen   lesen   essen   sehen

einen Kuchen _backen_ Ⓢ   ein Eis _____ ⬜   Sport _____ ⬜   einen Film _____ ⬜

eine E-Mail _____ ⬜   eine Zeitung _____ ⬜   einen Freund _____ ⬜

🎧 2.10   **c** Hören Sie den Dialog. Was macht Selma und was macht Laura? Schreiben Sie S oder L in 5b.

Selma

Laura

d Wer macht was? Schreiben Sie Sätze.

der Kuchen • der Film • die E-Mail • die Zeitung • das Eis • der Freund • Sport

Selma backt einen Kuchen. Sie ...

2.11 **a** Freizeitaktivitäten – Hören Sie. Welches Geräusch passt wo?

☐ Musik hören

☐ Fahrrad fahren

☐ Freunde einladen

☐ die Familie anrufen

☐ Fußball spielen

☐ fernsehen

☐ einkaufen

☐①☐ ausgehen

2.12 – 15 **b** Hören Sie. Was machen die Personen in der Freizeit? Kreuzen Sie an.

☒ Musik hören ☐ aus⸱schlafen ☐ grillen ☐ Freunde ein⸱laden ☐ fern⸱sehen ☐ Fußball spielen

☐ lange frühstücken ☐ lesen ☐ aus⸱gehen ☐ Fahrrad fahren ☐ ein⸱kaufen ☐ die Familie an⸱rufen

☐ Sport machen ☐ essen ☐ trinken ☐ Filme sehen

c Hören Sie noch einmal. Was machen Selma, Markus, Laura oder Roman? Ergänzen Sie die Namen.

_Roman_____ lädt Freunde ein. _____ geht abends aus. _____ ruft die Familie an.

_____ kauft gerne ein. _____ schläft am Sonntag aus. _____ sieht zu Hause fern.

d Ergänzen Sie die Tabelle mit einem Satz aus 6c.

⊙ G

FOKUS Trennbare Verben

Infinitiv		Verb: Position 2		Verb: Ende
ein⸱laden	Roman	lädt	Freunde	ein .

2.16 **e** Hören Sie die Infinitive. Wo sind die Wörter betont? Markieren Sie und sprechen Sie nach.

ein⸱laden • aus⸱gehen • ein⸱kaufen • aus⸱schlafen • fern⸱sehen • mit⸱bringen

f Schreiben Sie die Fragen.

1. wann / Freunde / einladen / du / ?
2. ausgehen / gerne / du / ?
3. um wie viel Uhr / am Wochenende / aufstehen / du / ?

4. wie lange / am Abend / fernsehen / du / ?
5. Fahrrad fahren / gerne / du / ?
6. wann / einkaufen / du / ?

UND SIE?

Meine Freizeit – Schreiben Sie Aktivitäten auf Karten. Mischen Sie die Karten. Ziehen Sie eine Karte, fragen und antworten Sie.

fernsehen   _Sport machen_   ...

> Wann siehst du fern?

> Ich sehe am Nachmittag fern.

7 Die Einladung

a Lesen Sie die Einladung. Wann ist der Filmabend?

FILMABEND * FILMABEND * FILMABEND

Hallo, Leute,

am Freitag um 20 Uhr sehen wir „Das Parfum". Kommt ihr?
Ich kaufe Chips, Popcorn und Brezeln. Bringt ihr Mineralwasser,
Cola oder Saft mit?
Wo? Bei mir zu Hause: Einsteinstr. 126 (Bus 18, Haltestelle „Weberplatz").
Antwort bitte bis Donnerstag: roman@web.de oder 0151-32298756.
Bis Freitag!

Viele Grüße
Roman

b Beantworten Sie die Fragen.

Wie heißt der Film? • Kauft Roman Cola, Mineralwasser und Saft? • Wie ist die Telefonnummer von Roman?

c Antworten Sie Roman. Machen Sie zuerst Notizen. Wählen Sie.

Schreiben Sie eine SMS. ◀ oder ▶ **Sprechen Sie eine Nachricht auf den Anrufbeantworter von Roman.**

Kontakt

Hallo, Roman, danke
für … Ich arbeite bis …
Um … bin ich da. Ich
bringe … mit. Liebe
Grüße …

d Spielen Sie ein Kettenspiel mit den Aktivitäten.

Ich spiele Fußball.

Ich spiele Fußball
und wasche Wäsche.

Ich spiele Fußball,
wasche Wäsche und …

VORHANG AUF

Spielen Sie Pantomimen mit Aktivitäten aus dem Alltag und der Freizeit. Die anderen raten.

Fährst du Fahrrad?

ÜBUNGEN

1 Der Langschläfer

Was träumt Markus? Notieren Sie die Wörter.

1. *Sport machen* ....

2. ....

3. ....

4. ....

5. ....

6. ....

7. ....

8. ....

2 Der Bus

🎧 2.17 **a Wann fährt der Bus Nummer …? Hören Sie und ergänzen Sie.**

1. Der Bus Nummer 89 fährt um .... Uhr.

2. Der Bus Nummer 10 fährt um .... Uhr.

3. Der Bus Nummer .... fährt um .... Uhr.

🎧 2.18 **b Welche Uhrzeiten hören Sie? Notieren Sie.**

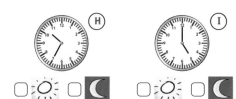

c Schreiben Sie die Uhrzeiten aus 2b wie im Beispiel.

1. Es ist halb elf morgens.

🎧 2.19 **d Wie spät ist es? Hören Sie und ergänzen Sie in den Uhren die Zeiger.**

3 Termine

a Lesen Sie und ergänzen Sie den Dialog.

● Lehmann, hallo.

○ Guten Morgen, Herr Lehmann. Kranz hier.

● Guten Morgen, Herr Kranz. Sind Sie schon im Büro?

○ ....

....

● Wann fährt der Bus? Um neun haben wir einen Termin!

○ ....

● Wann sind Sie hier?

○ ....

● Dann ist ja alles gut. Bis später.

○ ....

Ich bin fünf vor neun im Büro.

Bis später, Herr Lehmann.

Nein, der Bus ist weg.
Ich komme ein bisschen später.

Der Bus fährt zehn nach halb neun.

b Ergänzen Sie *um* oder *am*.

Der Terminkalender von Markus

Am .... Montag lernt Markus immer Spanisch. Der Kurs beginnt .... 18:00 Uhr. Dienstag geht er .... 17:00 Uhr zum Friseur. .... Mittwoch essen Selma und Markus .... 13:00 Uhr Mittag. .... Donnerstag hat Markus einen Termin beim Chef. .... Freitag trinkt Markus mit Ron .... 16:30 Uhr Kaffee. .... Samstag spielt er .... 19:00 Uhr Fußball. .... Sonntag .... 15:00 Uhr kommt Pablo zu Besuch.

c Und Sie? Schreiben Sie Ihre Antwort.

1. Wann lernen Sie Deutsch? *Ich lerne nachmittags Deutsch.* ....

2. Wann sind Sie am Abend zu Hause? ....

3. Wann kochen Sie? ....

4. Wann beginnt der Deutschkurs? ....

5. Wann frühstücken Sie? ....

6. Wann essen Sie zu Hause? ....

d Schreiben Sie die Sätze neu, wie im Beispiel.

1. Markus macht <u>am Samstag</u> Sport.
2. Selma kocht <u>am Sonntag</u> immer zu Hause.
3. Markus geht <u>am Donnerstag</u> nicht zum Spanischkurs.
4. Dennis sieht <u>am Wochenende</u> immer fern.
5. Selma und Markus laden <u>am Samstag</u> immer Gäste ein.
6. Markus schläft <u>am Sonntag</u> lang.

1. Am Samstag macht Markus Sport.

4 Der Alltag

a Lesen Sie die Sätze und vergleichen Sie mit Seite 68. Kreuzen Sie an: richtig oder falsch?

	R	F
1. Markus, Selma und Dennis frühstücken von 7:00 bis 7:30 Uhr.	☒	☐
2. Selma duscht um 08:30 Uhr.	☐	☐
3. Selma wäscht am Nachmittag die Wäsche.	☐	☐
4. Um 16:30 Uhr fährt Selma zum Deutschkurs.	☐	☐
5. Am Abend essen Markus, Selma und Dennis um 18:30 Uhr.	☐	☐
6. Selma schläft von 23:00 bis 6:15 Uhr.	☐	☐

b Ergänzen Sie die Verben *essen* und *lesen* in der richtigen Form.

Dialog 1

● Was macht Selma?

○ Sie *liest* .... ein Buch.

● .... du auch?

○ Ja, ich .... eine Zeitschrift.

Dialog 2

● Was *esst* .... ihr?

○ Wir .... Pizza.

● Und was .... du?

○ Ich .... ein Schinkenbrötchen.

Dialog 3

● Was isst du am Morgen?

○ Am Morgen .... ich ein Brötchen. Wir

.... immer Brötchen. Und was

.... du?

● Ich .... am Morgen ein Käsebrötchen.

Dialog 4

● Was machst du?

○ Ich .... eine Zeitschrift.

● Kochst du heute nicht?

○ Natürlich. Aber am Sonntag ....

wir später.

c Ergänzen Sie die Verben: *waschen, fahren, schlafen.*

1. Selma *wäscht* ..... am Nachmittag die Wäsche.

2. Am Sonntag .... Selma und
Markus lang.

3. Wann .... der Bus?

4. Am Morgen .... Selma zum
Deutschkurs.

5. Wie lange .... du am Sonntag?

6. Wann .... ihr das Auto?

5 Laura und Selma skypen.

a Schreiben Sie die Artikel.

1. *die / eine* Zeitung

2. .... E-Mail

3. .... Kuchen

4. .... Film

5. .... Buch

6. .... Freund

7. .... Brötchen

8. .... Eis

9. .... Deutschkurs

b Was machst du jetzt? Schreiben Sie Sätze mit Akkusativ.

backen   besuchen   lesen | die Zeitschrift   der Freund   die E-Mail   das Eis

sehen   schreiben   essen | das Buch   der Kuchen   der Film   das Brötchen

Ich besuche einen Freund.

6 Freizeit

a Freizeitaktivitäten – Notieren Sie.

FAHRRADFAHRENFERNSEHENAUSGEHENEINKAUFENFUSSBALLSPIELENMUSIKHÖRENAUSSCHLAFENGRILLEN

Fahrrad fahren ....

....

b Mein Wochenende – Ergänzen Sie die Wörter.

lese   Familie   lade   Kuchen   ein

~~habe~~

schlafe   gehen   lese

Am Wochenende (1)........*habe*........ ich Zeit. Ich (2)............................. aus. Dann frühstücke ich lange und

(3)............................. eine Zeitung. Am Samstag kaufe ich immer (4)....................... . Dann rufe ich meine

(5)............................. an. Ich koche mittags. Dann (6)............................. ich ein Buch. Am Nachmittag

(7)............................. ich meine Freundin ein. Wir trinken Kaffee und essen (8)............................. .

Am Abend (9)............................. wir aus.

♫ 2.20   **c** Lange Sätze sprechen – Welche Wörter liest man zusammen? Hören Sie die Sätze und markieren Sie wie im Beispiel.

1. Am Montag|fährt Markus|mit dem Bus|zur Arbeit.

2. Am Wochenende gehen Markus, Selma und Dennis im Park spazieren.

3. Selma ruft am Sonntag immer ihre Familie an.

4. Markus fährt am Samstag immer zwei Stunden Fahrrad.

d Ergänzen Sie die Verben.

1. ausschlafen: *Schlaft*............... ihr am Wochenende *aus*............... ?

2. fernsehen: Wie lange .... du am Samstag .... ?

3. einladen: Wann .... ihr Freunde .... ?

4. fernsehen: Ihr .... aber sehr viel .... Jetzt gehen wir spazieren!

5. ausschlafen: Pablo .... am Wochenende immer ....

6. einladen: Selma .... gerne Kollegen ....

e Wer macht was? Schreiben Sie Sätze.

Name	Samstag		Sonntag	
Selma		_Selma lädt am Samstag eine Freundin ein._		....
		....		....
Dennis		....		....
Markus		....		....
Pepe		....		....

f Und Sie? Schreiben Sie Sätze zu den Aktivitäten in 6a.

Ich fahre am Sonntag gerne Fahrrad.

7 Die Einladung

a Lesen Sie die Einladung. Ordnen und nummerieren Sie.

☐ Wir brauchen noch Getränke, Brot und Kuchen. Ich bringe Kuchen mit.

☐ Bis Samstag. Viele Grüße
Paul

① Hallo Leute,
am Samstag machen wir eine Party.
Sie beginnt um 19 Uhr. Kommt ihr?

☐ Und ihr? Was bringt ihr mit?

b Einladung – Ordnen Sie die Wörter.

einen Film sehen

die Freunde

der Kaffee

das Brot

Personen:

die Kollegen, ... ~~die Banane~~

.... die Minipizza   grillen

kochen   die Getränke

Essen und Trinken:

die Banane, ... ~~mitbringen~~   der Kuchen

.... einkaufen   der Saft

Aktivitäten: die Brötchen   der Lehrer

mitbringen, ...   das Wasser

.... ~~die Kollegen~~   die Cola

c Kaffeeflecken – Ergänzen Sie die Einladung und schreiben Sie sie neu.

> Liebe Lisa,
> hast du ⬛ Freitag Abend
> Zeit? Ich mache ein Fest.
> ⬛ 19:00 Uhr essen wir und
> ⬛ 20:00 Uhr ⬛ 22:00 Uhr
> sehen wir ⬛ Film. Kommst
> du? Meine Handynummer ist
> 0179-97543220.
> Liebe Grüße Veronica

Liebe Lisa, _____

hast du am Freitag ...

_____

_____

_____

d Schreiben Sie eine Einladung. Schreiben Sie zu diesen Punkten:

Fest   Wann?   Was mitbringen?

Liebe Freunde,

LEICHTER LERNEN

Mit der Muttersprache lernen

RICHTIG SCHREIBEN: *st-* und *sp-*

♫ 2.21 **a** Hören Sie *st* oder *scht*, *sp* oder *schp*? Kreuzen Sie an.

	(st)	(scht)		(sp)	(schp)
Straße			spielen		
Stuhl	☐	☐	Spanisch	☐	☐
Stadt			sprechen		
Stuttgart			spät		

♫ 2.22 **b** Hören Sie und ergänzen Sie.

● Entschuldigung. Wie .... ist es?   ○ Es ist Viertel nach zehn.

● Sprichst du ....?   ○ Ja, ich .... auch Portugiesisch.

● Wo .... ihr Fußball?   ○ Auf der ....

● Möchten Sie einen ....?   ○ Nein, danke.

● Wie schreibt man die .... Stuttgart?   ○ Ich buchstabiere: S-t-u-t-t-g-a-r-t .

Mein Deutsch nach Kapitel 5

Das kann ich:

die Uhrzeit erfragen und sagen

ᛞᛞ **Sprechen Sie die Uhrzeiten.**

● Entschuldigung, wie spät ist es?
○ Es ist …
● Wie spät?
○ …

Termine nennen

ausschlafen   Fußball spielen
einen Film sehen   zum Friseur gehen
einen Freund besuchen …

ᛞᛞ **Sprechen Sie. Ergänzen Sie die Wochentage und Aktivitäten.**

● Was machst du am …?   ● Und am …?
○ Am … ich …   ○ Am … ich …

über Aktivitäten im Tagesablauf sprechen

Schreiben Sie: „Mein Alltag".

Ich stehe um … auf. Um … Uhr frühstücke ich.

über Freizeit sprechen

ᛞᛞ **Was machst du gerne?**

Kochst du gerne?
Liest du gerne? …

www → A1/K5

Das kenne ich:

Ⓖ

Verben mit Vokalwechsel

	essen	lesen	fahren	schlafen	waschen
ich	esse	lese	fahre	schlafe	wasche
du	isst	liest	fährst	schläfst	wäschst
er/es/sie	isst	liest	fährt	schläft	wäscht
wir	essen	lesen	fahren	schlafen	waschen
ihr	esst	lest	fahrt	schlaft	wascht
sie/Sie	essen	lesen	fahren	schlafen	waschen

trennbare Verben

Satzklammer – trennbare Verben

Position 1	Verb: Position 2		Verb: Ende
Markus	schläft	am Sonntag	aus .
Am Freitag	kauft	Selma gerne	ein .

Fragewörter

Wie?	Wie spät ist es?
Wann?	Wann frühstückst du?
Wie lange?	Wie lange arbeitest du?

Präpositionen

am	am Morgen, am Mittag, am Abend
um	um 7:30 Uhr, um 12:15 Uhr, um 20:00 Uhr
von … bis	von 8:00 Uhr bis 17:00 Uhr, von Montag bis Freitag.

Ⓖ

Das schmeckt gut!

Milch
Brot
Mineralwasser
Spaghetti
Fleisch
Käse
Wurst
Reis
Olivenöl
Obst

Gemüse:
– Zucchini
– Tomaten
– Zwiebeln
– Karotten
– Salat
– Kartoffeln
– Paprika
– Pilze

1 Lebensmittel

a Sehen Sie die Fotos auf dieser Seite an. Welche Wörter kennen Sie auf Deutsch? Sammeln Sie.

🎧 2.23 **b** Hören Sie das Gespräch. Was möchte Senia kochen?

(A) Spaghetti mit Tomatensoße

(B) Gemüsereis

(C) Kartoffelsuppe

(D) Schnitzel mit Kartoffelsalat

c Hören Sie noch einmal. Was braucht Senia für das Essen? Markieren Sie auf dem Einkaufszettel. Vergleichen Sie im Kurs.

Lernziele

Sprechen Einkaufsgespräche führen; Preise erfragen; Vorlieben nennen; Komplimente machen; über Essgewohnheiten sprechen | **Hören** Einkaufsgespräche; Interviews | **Schreiben** eine Einladung; einen Einkaufszettel | **Lesen** einen Einkaufszettel; eine Einladung zum Abendessen; einen Zeitungsartikel | **Beruf** Verkaufsgespräche führen

2 Im Gemüseladen

🎧 2.24   **a** Lesen Sie 1–9 und hören Sie. Wer sagt was? Schreiben Sie S (Senia) oder V (Verkäuferin).

1. ..S.. Ich hätte gerne …

2. .... Was hätten Sie gerne?

3. .... Geben Sie mir bitte …

4. .... Noch etwas?

5. .... Ist das alles?

6. .... Ich brauche …

7. .... 2 Euro 80.

8. .... Das macht 6 Euro 90.

9. .... Was kosten …?

b Hören Sie noch einmal. Was kauft Senia? Kreuzen Sie an.

3,30 €   2,80 €   1,99 €   3,59 €   1,29 €   2,50 €   3,99 €

🎧 2.25–26   **c** Kettenübung – Hören Sie das Beispiel. Üben Sie die Fragen und Antworten.

1. ⟨ Was hätten Sie gerne? ⟩ | Karotten. Ich hätte gerne Karotten. Was hätten Sie gerne? ⟩ | Tomaten. Ich … ⟩

2. ⟨ Was kosten die Karotten? ⟩ | 2 Euro 50. Die Karotten kosten 2 Euro 50. Was kosten …? ⟩ | … ⟩

d Mengen und Verpackungen: Packung, Dose, Gramm … – Was kaufen Sie wie?

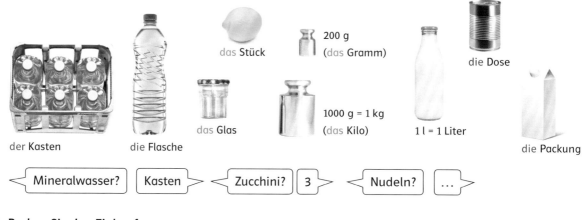

das Stück

200 g
(das Gramm)

die Dose

der Kasten   die Flasche   das Glas

1000 g = 1 kg
(das Kilo)

1 l = 1 Liter

die Packung

⟨ Mineralwasser? ⟩ Kasten ⟩   ⟨ Zucchini? ⟩ 3 ⟩   ⟨ Nudeln? ⟩ … ⟩

e Packen Sie den Einkaufswagen.

Ich hätte gerne
einen Kasten Wasser.
Was hätten Sie gerne?

Ich hätte gerne einen Kasten
Wasser **und ein Kilo Tomaten**.
Was hätten …?

Ich hätte gerne einen Kasten Wasser,
ein Kilo Tomaten **und eine Paprika**.
Was hätten …?

Erfinden Sie die Preise. Fragen und antworten Sie.

> Was kosten die Spaghetti?   Eine Packung Spaghetti kostet 8 Euro 30.   < Was? So teuer?

Das Beste ab Donnerstag

AKTION –15%

Spaghetti
Packung (500g)
8,30 €

Bohnen
kg

Paprika
kg

Zucchini
kg

Zitronen
Stück

Kartoffeln
kg

Milch
Liter

AKTION –20%
Reis
Packung (500 g)

Eier
10 Stück

Fisch kg

Äpfel
kg

Orangen
kg
AKTION –20%

Marmelade
Glas

Tomaten
Dose

AKTION –30%
Mineralwasser
Kasten (6 Flaschen)

Milch
Butter

UND SIE?

a Ihr Kühlschrank ist leer.
Was brauchen Sie? Notieren Sie.
Das Wörterbuch hilft.

b Sprechen Sie.

> Ich brauche Butter und Milch.   Ich brauche Käse und Wurst.   < …

c Schreiben und spielen Sie Einkaufsdialoge.

> Guten Tag, was hätten Sie gerne?   Ich brauche ein Kilo Äpfel.

Verkäufer/in	Käufer/in
Was hätten Sie gerne?	Ich hätte gerne …
Ein Kilo kostet … / 500 Gramm kosten …	Was kostet ein Kilo? / Was kosten …?
Noch etwas?	Ich brauche noch …
Ja, wir haben …	Haben Sie …?
Ist das alles?	Ja, danke.
	Nein, ich brauche noch …

4 Die Einladung

a Lesen Sie die Mitteilungen: Wann kommt Ron? Wer macht was?

RON — Kontakt
Di., 8. Okt. 13:39
Hi, kommst du zum Abendessen? Um 7 Uhr? Ich koche einen Gemüsereis. Zum Nachtisch habe ich Käse. Ich habe keinen Wein. Bringst du eine Flasche mit? LG Senia

SENIA — Kontakt
Di., 8. Okt. 13:45
Hallo, Senia, super, danke!! Ich komme um 6. Ist das okay? Kochen wir zusammen? Ich mache einen Salat. Ich bringe eine Flasche Wein mit. Bis später, Ron.

RON — Kontakt
Di., 8. Okt. 13:48
Super. Bis dann!

b *Ich habe, kaufe, brauche ... – Schreiben Sie.*

Ich habe ...   einen, keinen
Ich kaufe ...   ein, kein
Ich brauche ...   eine, keine

Ich habe einen Apfel.
Ich kaufe ein Schnitzel.
Ich brauche keine Butter.

> **Nicht vergessen:** 😊
> Akkusativ Singular maskulin + **en**
>
> Ich trinke ein**en** Kaffee.

c Wählen Sie.

Schreiben Sie eine Einladung. **oder** Notieren Sie Stichworte und spielen Sie eine Einladung am Telefon.

5 Das Abendessen

🎧 2.27–29 **a** Hören Sie. Zu welchen Fotos passen die Dialoge?

 Ⓐ ☐
 Ⓑ ☐
 Ⓒ ☐

b Lesen Sie die Dialoge laut.

Dialog 1
● Hallo, Senia.
○ Hallo, Ron. Die Blumen sind sehr schön. Danke!
● Mmm, das Essen riecht gut. Lecker! Ich habe richtig Hunger.

Dialog 2
○ Ich hole die Getränke. Deckst du den Tisch, bitte?
● Klar, wo sind Teller und Besteck?
○ Hier. Messer, Gabeln und Löffel sind links. Die Servietten auch.

Dialog 3
● Guten Appetit und prost!
○ Prost! Der Wein schmeckt toll!
● Ich finde den Reis und das Gemüse super! Du kochst wirklich sehr gut!
○ Ich finde den Salat und die Salatsoße fantastisch!

c Markieren Sie in den Dialogen die Artikel. Ergänzen Sie die Tabelle. Ⓖ

FOKUS   Akkusativ: den, das, die

Nominativ		Akkusativ
der Tisch	Ich decke	d........Tisch.
das Gemüse	Ich finde	d........Gemüse super.
die Salatsoße	Ich finde	d........Salatsoße fantastisch.
die Getränke	Ich hole	d........Getränke.

> Die Artikel das 😊 und die sind in Nominativ und Akkusativ gleich.

d Ich mache den Salat. Üben Sie.

 braten

 schneiden

 probieren

 backen

machen
kochen

der Reis	das Brot	die Salatsoße	die Brötchen
der Fisch	das Fleisch	die Orange	die Kartoffeln
der Salat	das Gemüse	die Milch	die Spaghetti
der Kuchen	das Abendessen		die Tomaten
der Nachtisch			

◁ Salat

◁ Ich mache den Salat. Fleisch.

◁ Ich brate das Fleisch. Tomaten.

◁ Ich schneide …

6 Komplimente

♪ 2.30 **a** Hören Sie und markieren Sie den Wortakzent: _ lang oder . kurz? Sprechen Sie nach.

sehr gut – lecker – fantastisch – köstlich – spitze – super

b Machen Sie Komplimente. Würfeln Sie und sprechen Sie zu zweit.

⚀ Fisch
⚁ Suppe
⚂ Spaghetti
⚃ Gemüse
⚄ Nachtisch
⚅ Kuchen

⚀ sehr gut
⚁ fantastisch
⚂ sehr lecker
⚃ köstlich
⚄ spitze
⚅ super

◁ ⚀ Wie findest du den Fisch?

⚁ Der Fisch schmeckt fantastisch. ▷

◁ ⚃ Wie findest du das Gemüse?

⚂ Das Gemüse schmeckt sehr lecker! ▷

VORHANG AUF

Planen und spielen Sie Dialoge zu den Bildern.

7 Frühstück in Deutschland

a Lesen Sie den Text. Zu welchen Textabschnitten passen die Fotos?

☰ Inhalt ◀ Vorheriger Artikel | Nächster Artikel ▶

netzPOST

Nur 39 % frühstücken zu Hause

1. „Ich nehme einen Kaffee mit Milch und ein Käsebrötchen, bitte." Lea Prinz bezahlt und geht zur U-Bahn. Es ist Montagmorgen, 8 Uhr. Um 8 Uhr 15 fängt die Arbeit an. Sie hat keine Zeit für ein Frühstück zu Hause. Lea frühstückt am Arbeitsplatz oder sie isst und trinkt etwas auf dem Weg zur Arbeit. Das machen viele Deutsche.

2. Das Frühstück ist heute oft ein *Coffee to go* oder ein Kaffee oder Tee aus der Teeküche im Büro und ein Brötchen oder Croissant. Auch Kinder frühstücken nicht immer zu Hause. Sie kaufen in der Schule etwas zum Essen und Trinken am Kiosk.

3. Mia und ihr Freund Markus lieben das Frühstück am Sonntag. Um 9 Uhr kauft Markus Brötchen beim Bäcker. Mia deckt den Tisch schön. Sie essen Müsli mit Joghurt, Obst und Brötchen mit Marmelade, Wurst oder Käse. Manchmal nimmt Markus auch ein Ei zum Frühstück. Mia trinkt Tee und Markus trinkt Kaffee mit Milch und Zucker. Die beiden frühstücken lang und essen dann kein Mittagessen.

(A)

(B)

(C)

b Kreuzen Sie an: richtig oder falsch?

	R	F
1. Lea Prinz frühstückt am Montag nicht zu Hause.	☐	☐
2. Kinder kaufen das Frühstück immer in der Schule.	☐	☐
3. Am Sonntag haben Mia und Markus Zeit für das Frühstück.	☐	☐

(G)

nehmen

ich	nehme
du	nimmst
er/es/sie	nimmt
wir	nehmen
ihr	nehmt
sie/Sie	nehmen

UND SIE?

Fragen und antworten Sie.

Was frühstücken Sie?
Wie frühstückt man bei Ihnen von Montag bis Freitag?
Wie frühstückt man am Sonntag?

> Ich esse morgens nichts.

> Um 10 Uhr esse ich ein Brot mit Käse.

> Ich trinke nur Kaffee mit Milch.

> Bei uns isst man …

8 Aussprache: *ü*

♪ 2.31 **a** **Hören Sie zu und sprechen Sie nach.**

iiiiiiiiiii — üüüüüüüüü   iü-iü-iü-iü

♪ 2.32 **b** **Hören Sie zu und sprechen Sie nach.**

fr<u>üh</u> – Fr<u>üh</u>stück – fr<u>üh</u>stücken – Gem<u>ü</u>se – M<u>ü</u>sli
Sie isst zum Frühstück nie Gemüse.
Sie frühstückt am Dienstag Müsli und Milch.

c **Bilden und sprechen Sie eigene Sätze mit *ü*.**

9 Interviews: Was isst du gerne?

ⓖ

🎧 2.33 **a** **Hören Sie und lesen Sie das Gespräch. Was mag Senia?**

● Senia, was isst du gerne?
○ Ich mag fast alles: Käse, Milch, Obst …
● Und Gemüse?
○ Ja, ich mag Gemüse sehr,
  besonders Tomaten.
● Magst du auch Fisch und Fleisch?
○ Nein, ich mag keinen Fisch und
  Fleisch esse ich nur manchmal.

mögen

ich	mag
du	magst
er/es/sie	mag
wir	mögen
ihr	mögt
sie/Sie	mögen

Senia mag …   … mag Senia nicht.

🎧 2.34 – 36 **b** **Was mögen Pablo, Ben und Eleni? Hören Sie zu und kreuzen Sie an.**

Pablo
☐ Karotten
☐ Salat
☐ Tomaten
☐ Kartoffeln
☐ Äpfel

Ben
☐ Tee
☐ Mineralwasser
☐ Fisch
☐ Fleisch
☐ Salat

Eleni
☐ Gemüse
☐ Obst
☐ Käse
☐ Kuchen
☐ Schokolade

Pablo, Ben und Eleni

🔑 K6 **UND SIE?**

Was magst du?

Was isst du gerne?

a **Was mögen Sie? Was mögen Sie nicht?**
Machen Sie Interviews.

Was trinkst du gerne?

+	−
Ich esse gerne Obst.	Ich mag keine Tomaten und keine Wurst.
Ich mag Fisch mit Gemüse.	Ich trinke keinen Alkohol, aber viel Wasser.
Zum Abendessen esse ich gerne Brot mit Käse.	Ich esse kein Fleisch.

b **Berichten Sie.**

Sergej und Hülya essen kein Fleisch. Sergej isst auch keinen Fisch, aber Hülya mag Fisch sehr.

ÜBUNGEN

1 Lebensmittel

a Wie heißen die Lebensmittel? Schreiben Sie.

das Fleisch   die Wurst   der Käse   das Gemüse   das Obst   der Salat
der Reis   ~~die Milch~~   das Brot   das Olivenöl

die Milch   ....

....

♪ 2.37 **b** Hören Sie. Markieren Sie: _ lang oder . kurz?

die Milch – das Brot – das Obst – die Wurst – der Salat – der Käse – das Gemüse – das Olivenöl

2 Im Gemüseladen

🎧 2.38 **a** Ordnen Sie die Sätze a–f zu.
Hören Sie zur Kontrolle.

1. Guten Tag. Was hätten Sie gerne? ...c...

2. Ein Kilo Kartoffeln. Noch etwas? ....

3. 2 Euro 99 das Kilo. ....

4. Ist das alles? ....

5. Das macht 5 Euro, bitte. ....

6. Auf Wiedersehen. ....

a) Auf Wiedersehen.   b) Ja, danke.   c) Gut, ich hätte gerne 500 Gramm.

d) Hier, bitte.   ~~e) Ein Kilo Kartoffeln, bitte.~~   f) Ja, was kosten die Tomaten?

🎧 2.39 **b** Welche Reaktion passt: a oder b? Kreuzen Sie an. Hören Sie zur Kontrolle.

1. Was hätten Sie gerne? ⓐ Danke, das ist alles.   ☒ Ich brauche drei Zucchini.
2. Noch etwas? ⓐ Ja, fünf Zwiebeln, bitte.   ⓑ Auf Wiedersehen.
3. Ist das alles? ⓐ Nein, ich brauche auch Tomaten, bitte.   ⓑ Hier sind 5 Euro.

c Mengen und Verpackungen: Packung, Dose, Gramm ... – Was kaufen Sie wie?
Schreiben Sie drei Beispiele. Vergleichen Sie im Kurs.

das Mineralwasser

·····················

·····················

·····················

·····················

·····················

·····················

·····················

·····················

·····················

·····················

·····················

·····················

·····················

·····················

·····················

der Apfelsaft

·····················

·····················

·····················

·····················

·····················

·····················

3 Preise

a Welche acht Lebensmittel (Plural) finden Sie →↓? Markieren Sie.

```
E  K  N  (Ä  P  F  E  L)  T  I  N  P  A  Z
I  N  E  T  S  C  L  A  N  E  M  I  B  I
E  U  T  O  M  A  T  E  N  T  A  L  L  T
R  V  Z  W  I  E  B  E  L  N  B  Z  E  R
A  K  O  F  S  E  T  B  D  U  S  E  F  O
N  O  R  A  N  G  E  N  A  C  G  S  X  N
C  T  E  T  O  M  A  E  L  M  T  K  U  E
K  A  R  T  O  F  F  E  L  N  E  H  M  N
```

b Wie heißen die Wörter aus 3a im Singular?
Notieren Sie wie im Beispiel.

der Apfel, die Äpfel

🎧 2.40 **c** Welchen Preis hören Sie? Kreuzen Sie an.

1. 10 Eier   ⓐ 1,23 €   ⓑ 1,53 €
2. Fisch (100 g)   ⓐ 1,50 €   ⓑ 1,15 €
3. Tomaten (1 kg)   ⓐ 2,14 €   ⓑ 2,10 €
4. Spaghetti (Packung)   ⓐ 0,98 €   ⓑ 0,99 €
5. Zitrone (Stück)   ⓐ 0,30 €   ⓑ 0,53 €

d Wählen Sie 1, 2 oder 3. Schreiben Sie einen Einkaufszettel.
Das Wörterbuch hilft. Vergleichen Sie im Kurs.

1. ein Frühstück für zwei Personen
2. ein Salat
3. ein Essen aus Ihrem Land

Brötchen
1 Liter Milch ...

4 Die Einladung

a Lesen Sie die Einladung und
ergänzen Sie die Verben.

~~kochen~~

essen

mitbringen

kommen

machen

kommen

Senia

Hallo, Senia, am Freitag ...*koche*...

ich. .... du? Wir

.... um 20 Uhr. Ute und

Armin .... auch. Sie

.... einen Nachtisch

.... du

die Salatsoße? LG Ron

4:38 ✓

b *Ich habe, kaufe, brauche . . .* – Ergänzen Sie *-en*, — oder *-e*.

1. Ich koche ein. *en* Gemüsereis.

2. Ich brauche ein.......... Zucchini und

   ein.......... Tomate.

3. Ich kaufe ein.......... Salat.

4. Ich trinke ein.......... Kaffee.

5. Ich esse ein.......... Apfel.

6. Ich kaufe ein.......... Brötchen.

7. Ich habe kein.......... Tee, ich kaufe

   ein.......... Packung Tee.

8. Ich möchte kein.......... Bananen, aber ich

   möchte ein.......... Stück Apfelkuchen.

9. Ich esse kein.......... Fleisch.

🎧 2.41 **c** Ordnen Sie die Sätze und schreiben Sie das Telefongespräch ins Heft. Hören Sie zur Kontrolle.

● Also, bis Sonntag, Beate.

    ● Am Sonntag um 11 Uhr.

● Du, wir machen am Wochenende ein Frühstück. Kommst du?

    ● Hallo, Beate. Hier ist Sabine.

○ Am Wochenende? Ja, gerne. Wann denn?

    ○ Bis dann, tschüs! Und danke für die Einladung!

      ○ Hallo, Sabine.

   ○ Ja, super.

5 Das Abendessen

a Schreiben Sie die Wörter in das Bild.

der Löffel

das Messer

das Glas

der Teller

die Serviette

~~die Gabel~~

1. ....

2. *die Gabel*

3. ....

4. ....

5. ....

6. ....

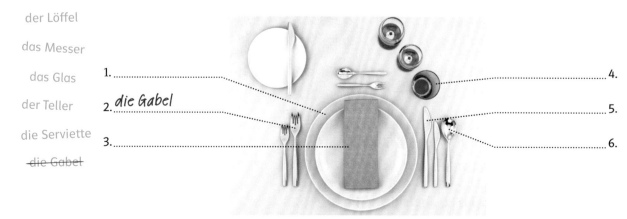

b Ergänzen Sie die Verben in der richtigen Form.

~~machen~~   kochen   machen   kochen   finden   decken   essen   holen

1. Senia und Ron _machen_ das Abendessen.

2. Senia .... einen Gemüsereis und Ron .... einen Salat.

3. Ron .... den Tisch. Senia .... die Getränke.

4. Senia und Ron .... zusammen. Ron .... den Reis und das Gemüse super.

5. Senia .... sehr gut.

1. machen 2. kochen / machen 3. decken / holen 4. essen / finden 5. kochen

c Welches Verb passt nicht?

1. der Reis	kochen	~~schneiden~~	probieren
2. der Salat	braten	machen	schneiden
3. der Kuchen	machen	backen	kochen
4. das Abendessen	backen	kochen	machen
5. die Salatsoße	schneiden	probieren	machen
6. die Tomaten	machen	schneiden	probieren

d Schreiben Sie acht Sätze mit den Verben aus 5c wie im Beispiel.

Ich koche den Reis.
Er probiert den Reis.

6 Komplimente

a Ergänzen Sie die Artikel: Nominativ (N) oder Akkusativ (A).

1. Wie kochst du _den_ Fisch (A)? _Der_ Fisch (N) schmeckt fantastisch!

2. Ich finde .... Salat (A) sehr lecker. Wo kaufst du .... Salat (A)?

3. .... Kuchen (N) ist spitze! Backst du .... Kuchen (A) selbst?

4. Ist das .... Nachtisch (N)? .... Nachtisch (A) finde ich super!

5. .... Spaghetti (N) schmecken sehr gut. Wie lange kochst du .... Spaghetti (A)?

6. .... Suppe (N) schmeckt köstlich!

7. .... Brötchen (N) schmecken super. Wo kaufst du .... Brötchen (A)?

🎧 2.42 **b** Hören Sie die Dialoge. Ordnen Sie die Sätze den Bildern zu.

(A) ③   (B) ☐   (C) ☐   (D) ☐   (E) ☐

1. Die Musik ist spitze!
2. Ich finde es super!
3. Der Kaffee schmeckt sehr lecker.
4. Der Kuchen schmeckt köstlich!
5. Du kochst fantastisch!

7 Frühstück in Deutschland

2.43

a Hören Sie und kreuzen Sie an: richtig oder falsch?

	R	F
1.		
a) Der Mann frühstückt zu Hause.	☐	☐
b) Zum Frühstück isst er Brot mit Marmelade.	☐	☐
2.		
a) Die Frau hat am Morgen nicht viel Zeit.	☐	☐
b) Sie frühstückt um 6:30 Uhr.	☐	☐
3.		
a) Das Kind kauft in der Schule ein Käsebrötchen.	☐	☐
b) Das Kind frühstückt zu Hause.	☐	☐

b Schreiben Sie die Sätze mit *essen* und *nehmen*.

1. essen / ich / ein Brötchen mit Marmelade /.

   1. Ich esse ein Brötchen mit Marmelade.

2. nehmen / was / du / ?

3. ein Käsebrötchen / nehmen / ich /.

4. Marga / morgens / essen / ein Müsli /.

5. essen / du / morgens / was / ?

6. Mia und Markus / zum Frühstück / Brötchen / essen /.

7. Markus / ein Ei / zum Frühstück / essen /.

8. nehmen / ihr / einen Apfelkuchen / ?

8 Aussprache

2.44

Hören Sie und markieren Sie den Wortakzent in den Komposita.

1. Ich trinke gerne Apfelsaft.

2. Anna isst Kartoffeln zum Abendessen.

3. Beate und Ron essen gerne Käsekuchen.

4. Möchtest du ein Wurstbrötchen?

5. Ich möchte einen Kartoffelsalat.

6. Ich hätte gerne ein Mineralwasser.

9 Was isst du gerne?

a Ergänzen Sie die Formen von *mögen*.

● Was _mögen_ Anna und Carlos?

Sie kommen morgen zum Essen.

○ Ah, ja. Also, Anna .... Fleisch

und Gemüse. Carlos isst gerne Fisch.

● Hallo Ron, heute Abend

koche ich. .... du

Kartoffelsalat?

○ Ja, Kartoffelsalat ....

ich sehr!

● Kinder, ... ihr

Apfelkuchen?

○ Klar, wir ....

Apfelkuchen sehr!

b Lesen Sie die E-Mail und kreuzen Sie an: richtig oder falsch?

> Hallo Eleni,
>
> am Samstag mache ich eine Party und koche. Alle aus dem Deutschkurs kommen.
> Aber ich habe ein Problem. Was esst ihr gerne? Was mögt ihr nicht?
> Ben mag kein Fleisch. Er mag auch keinen Salat. Und Oliver isst gerne Bananen
> und Äpfel, aber er mag keine Tomaten. Und du? Was magst du gerne? Was isst du
> nicht? Bitte schnell antworten! Morgen kaufe ich ein.
>
> Viele Grüße
>
> Dana

	R	F
1. Dana lädt die Kursteilnehmer ein.	☐	☐
2. Oliver mag Obst.	☐	☐
3. Eleni und Dana kaufen am Samstag ein.	☐	☐

LEICHTER LERNEN

Wörter in Gruppen lernen

a Ordnen Sie die Wörter aus dem Bild in Gruppen. Kennen Sie andere Wörter für Ihre Gruppen?

Obst: Apfel, Banane, …
Mengen: Gramm, …

b Finden Sie Wörter zu diesen Gruppen.

Zeit   Dinge im Kursraum   Hobbys / Freizeit

RICHTIG SCHREIBEN

🎧 2.45   *i* oder *ü*? Hören Sie und ergänzen Sie.

Ich frühst_cke morgens _m B_ro.

S_na _sst sehr gerne Gem_se.

Am M_ttwoch fr_h _sst sie ein M_sl_.

Zum Fr_hst_ck tr_nken w_r Kaffee m_t M_lch.

F_ndest du den Nacht_sch auch fantast_sch?

Das K_lo Zucch_n_ kostet v_er Euro.

Mein Deutsch nach Kapitel 6

Das kann ich:

Lebensmittel: Vorlieben nennen

Fragen Sie.

- ● Was isst du gerne?
- ○ Ich esse gerne …
- ● Was magst du nicht?
- ○ … mag ich nicht. Und … auch nicht.

Einkaufsgespräche führen

Spielen Sie.

- ● Was möchten Sie?
- ○ Ich h … gerne …
- ● Noch etwas?
- ○ Ja, …

eine Einladung schreiben

Hallo, Mika, kommst du … Ich …

Schreiben Sie eine Einladung.

*Dienstag, um 20 Uhr,
zum Abendessen, Spaghetti*

Komplimente machen

Spielen Sie Dialoge.

- ● Der Salat schmeckt …
- ○ Ich finde …

über Essgewohnheiten sprechen

Sprechen Sie.

Bei uns … / Wir essen …
Bei uns isst man zum Frühstück … / Wir trinken …

www → A1/K6

Das kenne ich:

Verben mit Akkusativ

haben, kochen, machen, finden, essen, trinken, mögen …

Akkusativformen: Artikel und Nomen

Die Artikel *das* und *die* sind im Nominativ und Akkusativ gleich.

	maskulin	neutrum	feminin	Plural
ich mag	den Salat	das Brot	die Suppe	die Tomaten
	einen Salat	ein Brot	eine Suppe	– Tomaten
	keinen Salat	kein Brot	keine Suppe	keine Tomaten

Verbformen

	mögen	nehmen
ich	mag	nehme
du	magst	nimmst
er/es/sie	mag	nimmt
wir	mögen	nehmen
ihr	mögt	nehmt
sie/Sie	mögen	nehmen

HALTESTELLE

1 Sprechen, schreiben ...

a Wählen Sie eine Situation aus und schreiben Sie einen Dialog.

die neue Kollegin

die Anmeldung

Mein Computer ist kaputt.

Ich möchte ...

Hallo, wie geht's?

Ich hätte gerne ...

b Spielen Sie den Dialog. Die anderen raten: Welche Situation ist das?

2 Sprechtraining

Wählen Sie zu zweit einen Dialog. Gehen Sie weit auseinander (4 m). Sprechen Sie den Dialog sehr laut. Die anderen sprechen gleichzeitig ihre Dialoge.

> Was hätten Sie gerne?   Hundert Gramm Käse, bitte.

> Guten Tag, mein Name ist Puente. Ich bin neu hier.   Herzlich willkommen, Herr Puente!

Dialog 1
- ● Was hätten Sie gerne?
- ○ Hundert Gramm Käse, bitte.
- ● Wie viel, bitte?
- ○ Hundert Gramm.
- ● Sonst noch etwas?
- ○ Nein danke, das ist alles.

Dialog 2
- ● Guten Tag, mein Name ist Puente. Ich bin neu hier.
- ○ Herzlich willkommen, Herr Puente!
- ● Danke schön!
- ○ Sie sprechen aber gut Deutsch!
- ● Vielen Dank.

Dialog 3
- ● Hallo, wie geht's?
- ○ Danke gut, und dir?
- ● Auch gut. Was machst du?
- ○ Ich koche, und du?
- ● Ich frühstücke.
- ○ So spät?
- ● Spät? Hier ist es sieben Uhr!

3 Spielen und wiederholen

a Mein Tag – Schreiben Sie mit den Verben sechs Sätze: Vier Aussagen stimmen und zwei sind falsch.

aufstehen • frühstücken • einkaufen •
kochen • fernsehen • ausgehen

Ich stehe um sechs Uhr auf. Ich frühstücke nie.

b Tauschen Sie die Sätze. Fragen und antworten Sie. Wer zuerst zwei falsche Aussagen findet, gewinnt.

> Du stehst um sechs Uhr auf – das ist falsch, oder?

> Du frühstückst nie – das ist falsch, oder?

> Nein, das ist richtig.

> Ja, das ist falsch. Jetzt ich: Du ...

a Lesen Sie. Welche Spezialitäten kennen Sie? Welche mögen Sie?

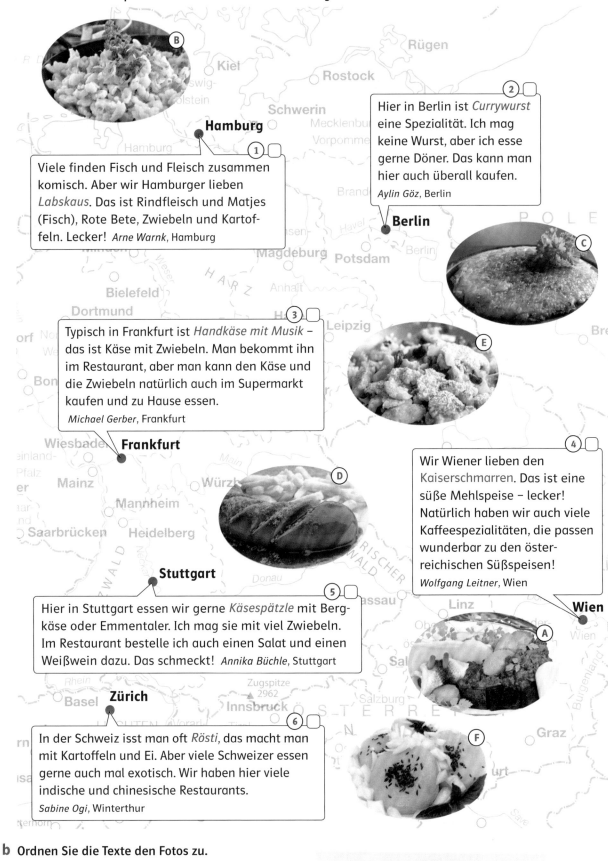

1 Viele finden Fisch und Fleisch zusammen komisch. Aber wir Hamburger lieben *Labskaus*. Das ist Rindfleisch und Matjes (Fisch), Rote Bete, Zwiebeln und Kartoffeln. Lecker! *Arne Warnk*, Hamburg

2 Hier in Berlin ist *Currywurst* eine Spezialität. Ich mag keine Wurst, aber ich esse gerne Döner. Das kann man hier auch überall kaufen. *Aylin Göz*, Berlin

3 Typisch in Frankfurt ist *Handkäse mit Musik* – das ist Käse mit Zwiebeln. Man bekommt ihn im Restaurant, aber man kann den Käse und die Zwiebeln natürlich auch im Supermarkt kaufen und zu Hause essen. *Michael Gerber*, Frankfurt

4 Wir Wiener lieben den Kaiserschmarren. Das ist eine süße Mehlspeise – lecker! Natürlich haben wir auch viele Kaffeespezialitäten, die passen wunderbar zu den österreichischen Süßspeisen! *Wolfgang Leitner*, Wien

5 Hier in Stuttgart essen wir gerne *Käsespätzle* mit Bergkäse oder Emmentaler. Ich mag sie mit viel Zwiebeln. Im Restaurant bestelle ich auch einen Salat und einen Weißwein dazu. Das schmeckt! *Annika Büchle*, Stuttgart

6 In der Schweiz isst man oft *Rösti*, das macht man mit Kartoffeln und Ei. Aber viele Schweizer essen gerne auch mal exotisch. Wir haben hier viele indische und chinesische Restaurants. *Sabine Ogi*, Winterthur

b Ordnen Sie die Texte den Fotos zu.

c Schreiben Sie einen Text wie in 1–6.

In ... isst man gerne ...
Aber viele ... essen auch gerne ...

TESTTRAINING

1 Hören

🎧 2.46 Kreuzen Sie an: (a), (b) oder (c).
Sie hören jeden Text zweimal.

> → Lesen Sie die Fragen und die Antworten genau. 😊
>
> → Markieren Sie schon beim ersten Hören die Antwort.
>
> → Probleme? Machen Sie zuerst ein Fragezeichen (?).
>
> → Kreuzen Sie am Ende immer etwas an.

Beispiel **0 Was kostet der Käsekuchen heute?**

(a) 1,80 Euro.

(b) 2,00 Euro.

(c) 2,20 Euro.

🎧 2.47 **1 Was mag Timo?**

(a) Fisch.

(b) Fleisch.

(c) Gemüse.

🎧 2.48 **2 Was kauft die Frau?**

(a) Käse.

(b) Milch.

(c) Wurst.

🎧 2.49 **3 Wann machen Leonie und Emilia zusammen Sport?**

(a) Am Donnerstag.

(b) Am Freitag.

(c) Am Samstag.

🎧 2.50 **4 Wann lernen Rebecca und Carmen zusammen?**

(a) Um 15 Uhr.

(b) Um 16 Uhr.

(c) Um 17 Uhr.

Ich heiße …

Buchstabieren Sie bitte Ihren Vornamen.

Und wie ist Ihre Postleitzahl, bitte?

Tut mir leid, das weiß ich nicht.

Dann sagen Sie bitte Ihre Telefonnummer.

Diese Aufgabe können Sie gut trainieren. ☺
→ Üben Sie zu Hause vor dem Spiegel.
→ Haben Sie ein Smartphone?
   Nehmen Sie sich auf.
Sie dürfen in der Prüfung Fehler machen!

🎧 2.51 **a Sich vorstellen – Ordnen Sie zu und hören Sie zur Kontrolle.**

1. Name?	.... Ich komme aus Italien.
2. Alter?	.... Jetzt wohne ich in Dresden.
3. Land?	_1_ Ich heiße Marietta Grassi. / Mein Name ist Marietta Grassi.
4. Wohnort?	.... Meine Hobbys sind Fahrradfahren und Lesen.
5. Sprachen?	.... Ich bin Schauspielerin von Beruf.
6. Beruf?	.... Ich bin 33 Jahre alt.
7. Hobby?	.... Ich spreche Italienisch, Englisch und ein bisschen Deutsch.

b Stellen Sie sich vor. Schreiben Sie. Ersetzen Sie die markierten Informationen.

c Stellen Sie sich vor. Nehmen Sie zuerst die ganzen Sätze aus 2a, dann nur die Stichworte 1. bis 7.

d Üben Sie Buchstabieren und die Zahlen. Fragen und antworten Sie.

Buchstabieren Sie bitte Ihren Vornamen.   M-A-…

Buchstabieren Sie bitte Ihren Familiennamen.   G-R-…

Buchstabieren Sie bitte Ihre Straße.   …

Wie ist Ihre Postleitzahl?   …

Wie ist Ihre Telefonnummer?   …

Andreas
Jonas
Anna
Horst
Marianne
Lena
Ines und Michael
Dieter

1 Meine Familie

a Welche Wörter kennen Sie schon? Suchen Sie neue Wörter im Wörterbuch.

die Mutter • der Vater • die Tochter • der Sohn • die Oma • der Opa • der Bruder • die Schwester •
die Tante • der Onkel • die Eltern • die Kinder • die Geschwister • die Großeltern

♫ 2.52 **b** Hören Sie die Wörter und markieren Sie: _ lang oder . kurz? Sprechen Sie dann nach.

🎧 2.53 **c** Lena zeigt Sara Familienfotos. Hören Sie das Gespräch und kreuzen Sie an: richtig oder falsch?

	R	F
1. Mein Sohn Jonas findet Familienfeste gut.	◯	◯
2. Mein Großvater spielt am Sonntag immer Schach.	◯	◯
3. Meine Geschwister heißen Marianne und Horst.	◯	◯
4. Mein Bruder Michael ist nicht verheiratet.	◯	◯
5. Er wohnt in Köln.	◯	◯

d Und Ihre Familie? Sprechen Sie. ⟨ Mein Vater heißt …   ⟨ Meine Schwester wohnt in …

Lernziele

Sprechen über die eigene Familie sprechen; Angaben zum Familienstand machen; sagen, was ich mag / nicht mag; sagen, was ich tun kann / tun muss; Smalltalk machen; um Hilfe bitten | **Hören** eine Terminvereinbarung | **Schreiben** über ein Fest | **Lesen** eine Familien-Homepage; E-Mails; Planung eines Fests; Berichte über eine Feier | **Beruf** ein Fest in der Firma planen   97

2 Lenas Homepage

a Wer ist auf der Homepage? Kreuzen Sie an.

☐ Lenas Kinder ☐ Lenas Eltern ☐ Lenas Geschwister ☐ Lenas Großeltern

> Lenas Homepage = ☺
> die Homepage **von** Lena

---

www.familie_waechter.de

Herzlich willkommen bei Familie Wächter!

Herzlich willkommen   Unsere Feste   Fotos   Kontakt

Jonas, mein Sohn
sein Lieblingsessen: Fisch und Spinat
sein bester Freund: der Computer
seine Lieblingsmusik: Hip-Hop
sein Lieblingsfilm: X-Men

Anna, meine Tochter
ihr Lieblingsessen: Eis
ihre Hobbys: Spielen und Reiten
ihre Lieblingsfarbe: rosa
ihr Lieblingsbuch: Die kleine Hexe

Andreas, mein Mann
◎ natürlich verheiratet ☺
sein Beruf: Journalist
seine Kinder: toll ☺
seine Lieblingsfarbe: grün

ich, Lena
mein Beruf: Partys organisieren
meine Hobbys: Partys und
Ausschlafen ☺
meine Lieblingsmusik: Rock
mein Lieblingsessen: Salat

Michael, mein Bruder
ledig und Single
sein Wunsch: eine Freundin
seine Hobbys: Tanzen und Musik
machen – bei der Firmenfeier ist
er der DJ ☺! Michaels Homepage

Ines, meine Schwester
geschieden, aber wieder
verliebt und sehr glücklich
ihr Beruf: Architektin
ihre Lieblingsmusik: Metal

---

b Wer ist das? Antworten Sie.

1. Er ist Journalist.
2. Sie hört gerne Metal.
3. Sie schläft gerne lang.
4. Sie mag rosa.
5. Er sucht eine Freundin.
6. Er spielt viel am Computer.

> Nummer 1 ist Andreas.
> Er ist Journalist.

c Lesen Sie die Homepage noch einmal und ergänzen Sie die Tabelle.

Ⓖ

FOKUS   Possessivartikel *sein*, *ihr*

	ich	er	sie
der Beruf	mein Beruf	Andreas: _sein_ Beruf	Ines: _ihr_ Beruf
das Lieblingsessen	mein Lieblingsessen	Jonas: .... Lieblingsessen	Anna: .... Lieblingsessen
die Lieblingsmusik	meine Lieblingsmusik	Jonas: .... Lieblingsmusik	Ines: .... Lieblingsmusik
die Hobbys (Pl.)	meine Hobbys	Michael: .... Hobbys	Anna: .... Hobbys

d Jonas und sein ... – Kombinieren und sprechen Sie.

Jonas, Andreas,
Michael,
Anna,
Lena, Ines

der Freund, der Computer, der Beruf,
das Lieblingsessen, das Smartphone,
die Musik, die Freundin,
die Hobbys, die Kinder

> Jonas und sein Freund

> Lena und ihre Hobbys

2.54–55 **a Die Familienmitglieder korrigieren Lenas Homepage. Was passt zu wem? Hören Sie und ordnen Sie zu.**

Jonas   Andreas   Michael   Anna   Lena   Ines

Ihre Lieblingsfarbe ist lila.	*Anna*	Sein Hobby ist Fernsehen.	....
Ihr Lieblingsessen sind Pommes.	....	Sein Freund heißt Dennis.	....
Seine Lieblingsfarbe ist blau.	....	Ihr Beruf ist Taxifahrerin.	....

b Schreiben Sie Zettel wie im Beispiel. Eine Person liest die Sätze ohne Namen vor. Die anderen raten.

Die Farben: gelb blau rot rosa lila
orange grün braun schwarz weiß

Sein Lieblingsessen ist Steak, seine Lieblingsfarbe
ist orange, sein Hobby ist Joggen.

Milan:
Mein Lieblingsessen ist Steak,
meine Lieblingsfarbe ist orange,
mein Hobby ist Joggen.

Das ist Roberto!   Das stimmt nicht.   Das ist Milan!   Das stimmt!

4 Ich-Laut und ach-Laut

2.56 **a Hören Sie zu und achten Sie auf die Aussprache von *ch*. Sprechen Sie die Wörter.**

Tochter – Töchter
ach – ich
Buch – Bücher
Sprache – sprechen

b Bilden Sie mit den Wörtern Sätze.

Ich möchte einen Kuchen.   Ich auch.

Das sind Michael und Jochen.

Frau Wächter	Jochen	Michael	Nachmittag
Kuchen	Brötchen	Bücher	sprechen
auch	nach acht	möchte	Österreich

UND SIE?

Bist du verheiratet/ledig/geschieden?
Wie viele Geschwister hast du?
Wie heißen deine Kinder?
Was isst dein Sohn / deine Tochter gerne? ...

a Sammeln Sie Fragen.

b Machen Sie Interviews.

c Stellen Sie die Familie von Ihrem Partner / Ihrer Partnerin vor.

Manjiri ist verheiratet. Ihr Sohn heißt Raju. Er isst
gerne Currys. Manjiri hat auch eine Tochter.
Ihre Lieblingsfarbe ist gelb. Ihre Eltern lesen gerne …

5 Ich muss das Fest vorbereiten ...

a Lesen Sie. Was ist das Problem?

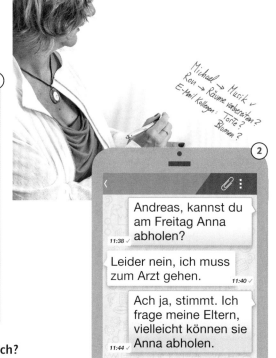

> **von:** lena@partyservice-fein.com
> Hallo, Ron, am Samstag ist die Firmenfeier!
> Kannst du am Freitagnachmittag die Räume vor-
> bereiten? Ich habe leider keine Zeit.
> Ich muss Anna vom Kindergarten abholen.
>
> **von:** ron@partyservice-fein.com
> Hallo, Lena, am Freitag kann ich leider nicht kom-
> men. Ich habe auch einen Termin.
> Aber am Samstagvormittag habe ich Zeit.
>
> **von:** lena@partyservice-fein.com
> Das ist zu spät! Ich frage Andreas, vielleicht
> kann er Anna abholen.

1

2

> Andreas, kannst du
> am Freitag Anna
> abholen?
> *11:38* ✓
>
> Leider nein, ich muss
> zum Arzt gehen.
> *11:40* ✓
>
> Ach ja, stimmt. Ich
> frage meine Eltern,
> vielleicht können sie
> Anna abholen.
> *11:44* ✓

b Lesen Sie noch einmal und kreuzen Sie an: richtig oder falsch?

	R	F
1. Die Räume sind schon fertig.	☐	☐
2. Ron hat am Freitagnachmittag keine Zeit.	☐	☐
3. Andreas hat einen Arzttermin.	☐	☐
4. Andreas fragt seine Eltern.	☐	☐

🎧 2.57 **c** Hören Sie das Telefongespräch und ergänzen Sie die Informationen.

● Mama, könnt ihr Anna __am Freitag__ vom Kindergarten abholen?

○ Kein Problem. Um wie viel Uhr?

● Um _____ müsst ihr da sein. Ich kann sie dann um 6 Uhr abholen.

○ Kann sie nicht zum Abendessen bleiben?

● Gerne! Dann komme ich _____ .

d Lesen Sie die Texte und das Telefongespräch noch einmal und ergänzen Sie die Tabelle.

G

FOKUS Modalverben

	können	müssen	
ich	_kann_	....	**können**
du	....	_musst_	Ich habe Zeit.
er/es/sie	....	_muss_	Ich **kann** Anna abholen.
wir	können	müssen	**müssen**
ihr	....	....	Ich habe einen Termin.
sie/Sie	können	müssen	Ich **muss** zum Arzt gehen.

e Wer kann was machen? Wer muss was machen? Ergänzen Sie und vergleichen Sie im Kurs.

1. Lena muss __das Fest__ vorbereiten.

2. Ron kann am _____ nicht kommen.

3. Andreas muss zum _____ gehen.

4. Lenas Eltern können _____ abholen.

6 Lena im Stress

a Was fehlt noch für die Firmenfeier? Lesen Sie und kreuzen Sie an.

 ⬜ die Torte   ⬜ die Getränke  ⬜ das Essen  ⬜ die Musik   ⬜ die Blumen

Betreff: Firmenfeier

Liebe Kolleginnen und Kollegen,

am Samstag ist die Firmenfeier und wir müssen noch viel organisieren!
Ich kann am Freitag die Räume vorbereiten. Wer kann noch mitmachen?
Jemand muss eine Torte backen. Vielleicht kann Sara das machen? Bitte, bitte! Deine Torten sind immer sooooo lecker ☺! Essen und Getränke haben wir ja schon hier, wir müssen sie nicht kaufen. Aber wir brauchen Blumen für die Chefin! Wer kann einen Blumenstrauß kaufen?
Die CDs kann mein Bruder Michael mitbringen. Er ist der DJ. Und wer kann am Montag die Tische und die Stühle aufräumen?
Bitte bis 17 Uhr antworten.

Viele Grüße
Lena

b Markieren Sie in der E-Mail die Sätze mit *können* und *müssen*. Schreiben Sie noch zwei Sätze mit *können* und *müssen* in den Kasten.

FOKUS **Satzklammer mit Modalverben** Ⓖ

Modalverb: Position 2 · Infinitiv: Satzende

Wir	(müssen)	noch viel	(organisieren) .
Ich	(kann)	am Freitag die Räume	(vorbereiten) .
....	( )	....	( ) .
....	( )	....	( ) .

c Wer macht was? Schreiben Sie die Antworten von Lenas Kollegen.

Sara: die Torte – backen – ich – kann   Lisa: kann – kaufen – ich – die Blumen
Stefan und Katrin: können – wir – vorbereiten – die Räume

UND SIE?

Fragen Sie und antworten Sie.

| **Kannst du … ?** | **Ich muss …** |
| die Kinder abholen • einkaufen • einen Kuchen backen • die Wäsche waschen • meinen Computer reparieren • … | Deutsch lernen • arbeiten • kochen • die Hausaufgaben machen • zum Arzt gehen • ein Fest vorbereiten • eine E-Mail schreiben • … |

> Fatma, kannst du einen Kuchen backen?

> Nein, ich muss Deutsch lernen.

> Kannst du …

7 Gespräche auf der Firmenfeier

🎧 2.58–61 **a** Hören Sie. Über welche Themen sprechen die Personen? Welches Foto passt? Notieren Sie.

Musik ....   Essen ....   Wohnen ....   Personen _1 B_ ....

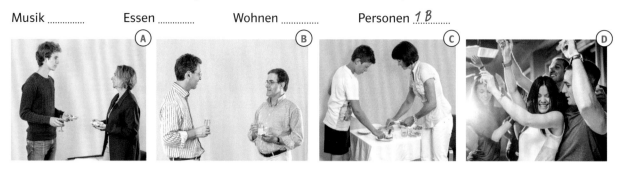

b Hören Sie noch einmal und ordnen Sie zu.

1. Na, Lena, wie geht's?
2. Sind Sie auch ein Kollege von Lena?
3. Kann ich noch ein Stück Torte haben? Sie schmeckt sehr gut.
4. Das ist mein Lieblingslied! Komm, wir tanzen!

a) Ja! Die Musik ist toll!
b) Nein, ich bin ihr Mann!
c) Klar doch!
d) Ach, es geht so.

8 Das Fest war super!

a Lesen Sie. Wie war das Fest für die drei? Kreuzen Sie an: ☺ sehr schön, ☺ es geht, ☹ schrecklich.

Lena ☺ ☺ ☹

So., 16. Mrz. 12:33

Hallo, Maja! Die Firmen-
feier gestern war schön,
aber wir hatten 150
Gäste!!! Stress! Das
Essen war gut und die
Disco mit Michael war
toll! Alle waren lustig,
auch Jonas hatte viel
Spaß … Wir waren bis
ein Uhr dort, ich war
total müde!
Jetzt habe ich endlich
Zeit. Gehen wir heute
spazieren? LG Lena

Jonas ☺ ☺ ☹

So., 16. Mrz. 13:39

Hi!
Es war sooo langweilig!
Und ich hatte ganz viel
Hunger, aber die Torte
war sofort weg! Und
die Musik war auch
nicht gut … Kommst
du heute? Dann
können wir meine Mu-
sik hören …
Jonas

Michael ☺ ☺ ☹

So., 16. Mrz. 08:42

Guten Morgen!
Das Fest gestern war
super! Ich war der DJ,
und alle hatten Spaß.
Und Sara, Lenas
Kollegin, war sehr nett
… Ich sehe sie heute
wieder und bin schon
ein bisschen nervös ☺
Michael

b Lesen Sie die Tabelle und markieren
Sie die Verbformen im Text.
Was war gestern, was ist heute?

Heute können wir meine Musik hören.

Gestern war es langweilig.

Ⓖ

Präteritum von _sein_ und _haben_

	sein	haben
ich	war	hatte
du	warst	hattest
er/es/sie	war	hatte
wir	waren	hatten
ihr	wart	hattet
sie/Sie	waren	hatten

c Ergänzen Sie die richtigen Formen von *sein* und *haben* im Präteritum.

> Liebe Lena,
>
> das Klassentreffen gestern ___war___ auch super! Und du _____ nicht
>
> da – schade! Wir _____ auch Gäste: Drei Lehrerinnen _____ da.
>
> Sie _____ früher immer so streng, aber gestern _____ sie sehr
>
> nett. Wir _____ viel Spaß. Wir _____ auch einen DJ und seine
>
> Musik _____ toll. Ach, und Hannes _____ auch da. Viele Grüße!
>
> _____ ihr nicht ein Paar? Ihr _____ so verliebt! Jetzt ist er ... – ach,
>
> das erzähle ich gleich! Spazieren gehen – gerne! Hast du um 15:00 Uhr Zeit?
>
> Maja

d Sie hatten ein Fest. Wie war es? Schreiben Sie.

Mein/Das Fest   schön

Wir   viele Gäste   *Das Fest war lustig. Wir ...*

Alle   war...   tolle Musik

Das Essen   hatt...   Spaß

Die Gäste   lecker

Die Musik   lustig

Die Chefin/Lehrerin   sehr nett

...   nicht so gut

langweilig

...

e Heute und gestern – A sagt einen Satz mit *heute* und B sagt dazu einen Satz mit *gestern*.
Dann macht C weiter usw.

Heute haben wir Unterricht. (A)

(B) Gestern hatten wir auch Unterricht.
Heute ist das Essen gut.

Gestern war ... (C)

K7

VORHANG AUF

Spielen Sie Szenen zu den Bildern.

ÜBUNGEN

1 Meine Familie

a Schreiben Sie die Wörter in die Tabelle. Ergänzen Sie die Formen im Plural. Die Wortliste hilft.
Drei Wörter gibt es nur im Plural.

sohn|opatantegeschwisterbruderelternvatergroßelternmuttertochterschwesterkindonkeloma

der	das	die	nur Plural
der Sohn, die Söhne	....	....	....
....	....	....	....
....	....	....	
....		....	
....		....	

b Wörter lernen – Ordnen Sie die Wörter und machen Sie ein Lernplakat.

die Eltern : der Vater + die Mutter

die Großeltern:

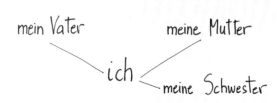

mein Vater   meine Mutter

ich

meine Schwester

c Lenas Familie – Ergänzen Sie.

1. ● Das ist mein _Sohn_ Jonas und hier

   ist meine .... Anna.

2. ○ Deine .... sehen so nett aus!

   Und das da ist dein ...., oder?

3. ● Ja! Das ist Andreas.

4. ○ Ah ja. Und hier sind deine ...., oder?

5. ● Ja. Das ist Marianne, meine ....,

   und das ist Horst, mein ....

6. ○ Hast du auch ....?

7. ● Ja. Mein .... Michael ist DJ und

   hier auf dem Foto ist auch meine .... Ines.

Lenas Familie:
Mann: Andreas
Kinder: Jonas, Anna
Eltern: Marianne und Horst
Geschwister: Michael, Ines

2 Lenas Homepage

a Was passt wo? Schreiben Sie die Wörter.

geschieden   verheiratet   ~~ledig~~   ~~Single~~   verliebt

ledig / Single ....

b Ergänzen Sie die Wörter aus 2a.

1. Lena und Andreas sind Frau und Mann. Sie sind _*verheiratet*_ .

2. Ines ist nicht mehr verheiratet. Sie ist ....

3. Aber Ines hat wieder einen Freund und ist sehr ....

4. Michael ist noch nicht verheiratet. Er ist ....

5. Er hat auch keine Freundin. Er ist ....

c Die Familien von Sara und Horst – Was passt: *sein(e)* oder *ihr(e)*? Unterstreichen Sie.

Das ist Sara. Sie ist ledig.

Seine/<u>Ihre</u> Eltern wohnen in Italien. Sein/Ihr Bruder wohnt auch in Deutschland. Seine/Ihre Schwester ist verheiratet und hat zwei Kinder.

Das ist Horst. Horst ist verheiratet.

Lena, Michael und Ines sind seine/ihre Kinder.

Sein/Ihr Bruder Jakob wohnt in Berlin. Seine/Ihre Frau heißt Marianne.

d Zwei Schreibtische. Ergänzen Sie *sein(e)* und *ihr(e)*.

Das ist der Schreibtisch von Herrn Kunz.

Da ist ....*sein*.... Laptop, da ist .... Schere

und da ist .... Handy.

Und da sind .... Bleistifte.

Das ist der Schreibtisch von Frau Tieck.

Wo ist ....*ihr*.... USB-Stick? Wo ist ....

Tablet? Und wo ist .... Maus?

Wo sind .... Kulis?

3 Fehler auf Lenas Homepage

a Diese Informationen fehlen auf Lenas Homepage. Schreiben Sie.

1. Jonas: Wunsch/Smartphone

   Jonas: Sein Wunsch ist ein Smartphone.

2. Anna: Lieblingsmusik/Hip-Hop

3. Andreas: Hobbys / Lesen und Essen

4. Lena: Freundin/Maja

5. Michael: Lieblingsessen/Torte

6. Ines: Lieblingsfarbe/rot

b Farben – Welche Farben haben die Sachen? Schreiben Sie.

Der Laptop ist weiß.

Die Tasse

○ 2.62

c Andreas Lieblings... – Ordnen Sie zu. Hören Sie zur Kontrolle und schreiben Sie die Sätze.

1. Sein Lieblingsbuch ist   a) Argentinien.
2. Sein Lieblingsessen ist   b) „007 Casino Royale".
3. Sein Lieblingsfilm ist   c) Currywurst.
4. Sein Lieblingsland ist   d) Hunde.
5. Sein Lieblingssport ist   e) Fußball.
6. Seine Lieblingstiere sind   f) grün.
7. Seine Lieblingsfarbe ist   g) „Harry Potter".

Sein Lieblingsbuch ist „Harry Potter".

d Und Sie? Was ist Ihr Lieblings...? Schreiben Sie.

Mein Lieblingsfilm ist ...

4 Aussprache: *ö*, *ü* und *ä*

♫ 2.63 **a** Was hören Sie? Kreuzen Sie an.

1. ☐ o	☐ ö	5. ☐ u	☐ ü	9. ☐ a	☐ ä
2. ☐ o	☐ ö	6. ☐ u	☐ ü	10. ☐ a	☐ ä
3. ☐ o	☐ ö	7. ☐ u	☐ ü	11. ☐ a	☐ ä
4. ☐ o	☐ ö	8. ☐ u	☐ ü	12. ☐ a	☐ ä

♫ 2.64 **b** Hören Sie und markieren Sie: _ lang oder . kurz? Sprechen Sie nach.

1. Ich habe eine Tochter. Das ist schön.

2. Nur eine Tochter? Ich habe schon zwölf Töchter!

3. Das Brot ist köstlich. Ich möchte zwölf Brötchen.

4. Meine Mutter hat drei Brüder.

5. Die Gäste sind glücklich.

6. Ich wasche heute die Wäsche.

5 Ich muss das Fest vorbereiten ...

Welches Modalverb ist richtig? Unterstreichen Sie.

1. ● Mama, muss/kann/können ich am Samstag Max besuchen?
2. ○ Am Samstag ist die Firmenfeier, da musst/kannst/
   können du auch kommen.
3. ● Kann/Muss/Müssen ich wirklich auch kommen?
4. ○ Ja. Es gibt Spiele für die Kinder. Anna und du,
   ihr müsst/müssen/könnt mitmachen.
5. ● Ich finde Spiele aber langweilig. Können/Müssen/Müsst
   wir nicht etwas anderes machen?
6. ○ Nein, das geht nicht. Und ihr kannst/könnt/müsst beide
   auch kommen. Du musst/kannst/kann Max am Sonntag besuchen.
7. ● Okay, danke! Dann muss/müssen/können wir endlich zusammen Computerspiele spielen!

6 Lena im Stress

a Ergänzen Sie *können* oder *müssen*.

1. Wir brauchen hier noch Stühle! Wer .... *kann* ....
   Stühle holen?

2. Sara, ... du deine Torte bitte schon
   schneiden?

3. Michael, ich .... jetzt nicht kommen.
   Du .... Stefan fragen.

4. Lisa, wo sind die Blumen? .... du die
   noch kaufen? Dann aber schnell!

5. Andreas und Ines, ... ihr die Getränke
   holen?

6. Da kommt schon die Chefin! Wir ....
   sie begrüßen!

kann • kannst • kannst • könnt • musst • müssen

b Nach der Firmenfeier – Was müssen die Personen machen? Schreiben Sie Sätze.

1. müssen / Stefan und Kathrin /
   die Stühle / aufräumen
   Stefan und Kathrin müssen die Stühle aufräumen.
2. Michael / müssen / aufräumen /
   die CDs
   ....
3. wir / die Gläser /
   müssen / waschen
   ....
4. ich / die Spiele /
   aufräumen / müssen
   ....

c Welches Verb passt nicht?

1. ein Fest   vorbereiten, organisieren, machen, ~~kaufen~~
2. eine E-Mail   schreiben, korrigieren, sprechen, lesen
3. einen Kuchen   mitbringen, mitmachen, kaufen, backen
4. einen Termin   haben, machen, notieren, gehen
5. CDs   tanzen, mitbringen, kaufen, hören

d Schreiben Sie Sätze zu den Nomen und Verben aus 6c.

Lena muss das Fest organisieren.

7 Gespräche auf der Firmenfeier

a Welche Frage passt zu welchem Bild? Ordnen Sie zu.

A ☐   B ☐   C ☐   D ☐

Und, wie geht es dir? ①   ② Möchten Sie auch ein Glas Wein?

Das ist mein Mann. ③   ④ Die Musik ist super!

🎧 2.65 **b** Welche Reaktion passt? Kreuzen Sie an. Hören Sie zur Kontrolle.

1. Und, wie geht es dir?
   ⓐ Ja, das finde ich auch.
   ⓑ Ach, ich habe viel Stress.

2. Möchten Sie auch ein Glas Wein?
   ⓐ Ja, gerne.
   ⓑ Die Torte ist köstlich, oder?

3. Das ist mein Mann.
   ⓐ Der DJ ist super!
   ⓑ Ah, das ist Ihr Mann? Hallo!

4. Die Musik ist super!
   ⓐ Ja! Tanzen wir?
   ⓑ Das ist meine Kollegin Lena.

8 Das Fest war super!

Saras Nachricht – Ergänzen Sie die Verbformen von *war* oder *hatte*.

Hi, Lena,

das Fest gestern ...*war*............ super! Anna .... so nett – sie ....

dreizehn Minipizzas! Nur Jonas .... nicht so viel Spaß, oder?

Ich finde, die Musik .... toll! Und Michael .... so lustig!

Wir .... noch nie einen so tollen DJ, oder? Wir gehen heute zusammen tanzen ☺.

Dann bis Montag!

Liebe Grüße
Sara

LEICHTER LERNEN

Sprechen üben

a Schreiben und lesen Sie kleine Texte
oder Dialoge vor. Üben Sie vor dem Spiegel.

b Nehmen Sie sich mit dem Handy auf.

c Sprechen Sie Sätze auf Deutsch zuerst leise, dann laut.

in der Cafeteria

in anderen Kursen:
Fotokurs, Nähkurs …

beim Elternabend im Kindergarten oder in der Schule

RICHTIG SCHREIBEN

♪ 2.66 **Vokale: *o* oder *ö*? Hören Sie und ergänzen Sie.**

1. Ich habe eine T __ chter. Das ist sch __ n.

2. Nur eine T __ chter? Ich habe zw __ lf T __ chter!

3. W __ ist dein S __ hn? Er ist sch __ n hier.

4. Die T __ rte ist k __ stlich!

5. Wie viel k __ sten die Br __ tchen?

Mein Deutsch nach Kapitel 7

Das kann ich:

sagen, was ich mag

👥 Fragen und antworten Sie.

- ● Was ist deine Lieblingsfarbe?
- ○ … Und was ist deine Lieblingsfarbe?
- ● … Und was ist dein Lieblingsessen?
- ○ … Was sind deine Hobbys?
- ● …

über meine Familie sprechen

👥 Sprechen Sie.

Ich bin … und habe … Kinder.
Meine Eltern wohnen in … Ich habe … Geschwister.

sagen, was ich tun kann und was ich tun muss

👥 Fragen und antworten Sie.

- ● Kannst du …?
- ○ Tut mir leid, ich kann nicht, ich muss … Kannst du?
- ● …

über ein Fest schreiben

Schreiben Sie:

Fest: ☺ ☺   Musik: toll
Gäste: 200   Essen: sehr lecker   www → A1/K7

Das kenne ich:

Ⓖ

Possessivartikel

	ich	du	er/es	sie
der Beruf	mein	dein	sein	ihr
das Lieblingsessen	mein	dein	sein	ihr
die Lieblingsmusik	meine	deine	seine	ihre
die Hobbys (*Pl.*)	meine	deine	seine	ihre

Präteritum von *sein* und *haben*

	sein	haben
ich	war	hatte
du	warst	hattest
er/es/sie	war	hatte
wir	waren	hatten
ihr	wart	hattet
sie/Sie	waren	hatten

Modalverben

	können	müssen
ich	kann	muss
du	kannst	musst
er/es/sie	kann	muss
wir	können	müssen
ihr	könnt	müsst
sie/Sie	können	müssen

Ich habe Zeit. Ich **kann** Anna abholen.

Ich habe keine Zeit. Ich **muss** zum Arzt gehen.

Satzklammer: Modalverben

Position 1	Modalverb: Position 2		Infinitiv: Ende
Wir	(müssen)	noch viel	(vorbereiten).
Ich	(kann)	Anna vom Kindergarten	(abholen).

Ⓖ

Der Balkon ist schön.

die Gastgeberin

der Gast / die Gäste

Kontakt
Do., 3. Apr. 13:39
Sonntag um halb vier? Wir sind zu Hause und Sie können die Wohnung ansehen.

1 Der Besuch

a Sehen Sie die Fotos an. Was denken Sie? Was möchten Selma und Markus?

das Auto von Lena kaufen • mit Lena und Andreas feiern • Lena und Andreas besuchen •
mit Lena und Andreas essen • die Wohnung ansehen • einen Film sehen • grillen • die Kinder abholen •
Lena und Andreas abholen

> Ich denke, sie möchten das Auto von Lena kaufen.

> Ich glaube nicht. Sie …

🎧 2.67   **b** Hören Sie das Gespräch. Vergleichen Sie mit Ihren Antworten aus 1a.

c Hören Sie noch einmal. Wer sagt das: Gast (G) oder Gastgeber (GG)?
Ordnen Sie zu.

1. Herzlich willkommen! _GG_

2. Ja, gerne! ....

3. Die Blumen sind sehr schön, danke! ....

4. Hier, die Blumen sind für Lena. ....

5. Wollen wir Du sagen? ....

6. Guten Tag. Vielen Dank für die Einladung. ....

7. Kommen Sie bitte rein. ....

d Spielen Sie. Begrüßen Sie Gäste an der Wohnungstür.

Lernziele

Sprechen Gäste begrüßen; Wohnungen beschreiben; Willen/Absicht ausdrücken; sagen, was erlaubt und was verboten ist |
Hören Gespräche bei der Wohnungsbesichtigung | **Schreiben** über die eigene Wohnung | **Lesen** Ratschläge zur
Wohnungssuche; Wohnungsanzeigen; Informationen einer Hausordnung; Informationen zum Wohnen in Deutschland

2 Vier Zimmer, Küche, Bad

a Wie heißen die Zimmer? Schreiben Sie.

das Wohnzimmer   das Bad   ~~das Kinderzimmer~~   die Küche   das Schlafzimmer   das Arbeitszimmer

das Kinderzimmer ....

....

b Hören Sie. In welcher Reihenfolge zeigt Lena die Wohnung?

🎧 2.68

1. *C* ....   2. ....   3. ....   4. ....   5. ....   6. ....

c Lesen Sie und hören Sie noch einmal. Was gibt es bei Lena und Andreas? Kreuzen Sie an und sprechen Sie.

☐ der Balkon   ☐ die Gästetoilette   ☐ der Flur   ☐ der Garten   ☐ der Keller   ☐ die Garage

◁ Es gibt einen Balkon.

d Wechselspiel – Fragen und antworten Sie.

Wohnung B	
Küche ✓	
Wohnzimmer	
Schlafzimmer ✓	
Kinderzimmer ✓	
Arbeitszimmer	
Badezimmer ✓	
Gästetoilette ✓	
Garten ✓	
Keller	
Balkon	
Flur ✓	

Wohnung A	
Küche ✓	
Wohnzimmer ✓	
Schlafzimmer ✓	
Kinderzimmer	
Arbeitszimmer ✓	
Badezimmer ✓	
Gästetoilette	
Garten	
Keller ✓	
Balkon ✓	
Flur ✓	

Gibt es einen Balkon?
Ja, **es gibt** einen Balkon.
Gibt es eine Gästetoilette?
Nein, **es gibt keine** Gästetoilette.

(G)

es gibt + Akkusativ

Es gibt einen Computer.

e Was gibt es in Ihrer Sprachenschule, was gibt es nicht?
Schreiben Sie zehn Wörter auf Zettel.
Mischen Sie und ziehen Sie einen Zettel. Fragen und antworten Sie.

◁ Gibt es hier ein Kinderzimmer?

Nein, es gibt kein Kinderzimmer. ▷

◁ Gibt es eine Dusche?

Gibt es ein Sofa? ▷

3 Die Wohnung ist schön.

a Lesen Sie und schreiben Sie Sätze.

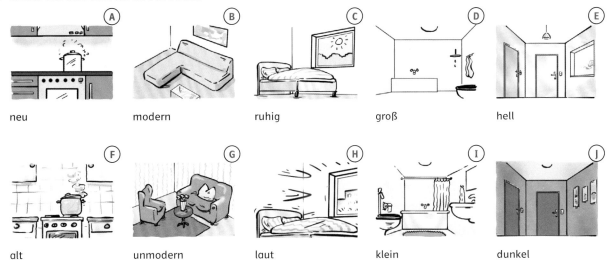

| A | B | C | D | E |
| neu | modern | ruhig | groß | hell |

| F | G | H | I | J |
| alt | unmodern | laut | klein | dunkel |

A: Die Küche ist neu und modern.

b Gegensätze – Lesen Sie den Dialog. Was denkt Markus? Ordnen Sie die Gedankenblasen zu.

1. ● Na, wie findet ihr die Wohnung?
   ○ Sie ist groß.
2. ● Ja, wir haben viel Platz.
   ○ Das Wohnzimmer ist sehr hell.
3. ● Und die Küche ist modern.
   ○ Ja, sie ist ganz neu.
4. ● Und das Schlafzimmer ist ruhig.
   ○ Also, ich finde die Wohnung schön. Noch eine Frage: Wie sind die Nachbarn?

- Aber der Flur ist dunkel. **A**
- Ja. Aber der Balkon ist laut. **B**
- Die Wohnung ist klein. **C**
- Aber das Bad ist alt und unmodern. **D**

Und wie hoch ist die Miete?

1.+C: Selma findet die Wohnung groß, aber Markus findet sie klein.

Lernen Sie Adjektive zusammen:
groß – klein, hell – dunkel ...

c Sprechen Sie Kettensätze.

Die Wohnung ist klein, aber hell. ⟩ Die Wohnung ist hell, aber laut. ⟩ Die Wohnung ist laut, aber ... ⟩

UND SIE?

Sprechen Sie über Ihre Wohnung.

Meine Küche ist neu. ⟩

Meine Wohnung hat ... Zimmer.
Es gibt ein Wohnzimmer ...
Wir haben einen/keinen Balkon ...
Das Bad ist ...

4 Die Wohnung ist zu teuer.

🎧 2.69 **a** Hören Sie den Dialog. Nehmen Selma und Markus die Wohnung von Lena?

b Was sagt Markus? Hören Sie noch einmal: richtig oder falsch?

	R	F
1. Das Haus ist sehr alt.	☐	☐
2. Der Flur ist zu hell.	☐	☐
3. Das Bad ist zu dunkel.	☐	☐
4. Die Küche ist sehr modern.	☐	☐
5. Die Wohnung ist zu teuer.	☐	☐

c Was passt wo? Schreiben Sie Sätze zu den Bildern.

sehr schwer • sehr laut • sehr klein • zu schwer • zu laut • zu klein

1. Der Sessel ist sehr schwer.

5 Wer will was?

🎧 2.70 **a** Hören Sie weiter. Wer will das: Markus oder die Kinder?

1. _Markus_ will nicht so viel Miete bezahlen.

2. .... wollen im Garten spielen.

3. .... will nachts ruhig schlafen.

4. .... will nicht renovieren.

5. .... wollen im Sommer in Urlaub fahren.

Ⓖ

wollen

ich	will
du	willst
er/es/sie	will
wir	wollen
ihr	wollt
sie/Sie	wollen

b Markieren Sie in 5a die Verben. Ergänzen Sie die Tabelle.

FOKUS   Modalverb wollen

Ⓖ

	Modalverb: Position 2		Infinitiv: Ende
Markus	*will*	nicht so viel Miete	*bezahlen* .
Nachts	⬭	er ruhig	⬭ .
Die Kinder	⬭	....	⬭ .

c Und was wollen Sie? Sprechen Sie in der Gruppe und ergänzen Sie die Sätze. Erzählen Sie dann im Kurs.

Ich will gut Deutsch sprechen.   Ich auch!

Eine Person will ...
Zwei Personen wollen ...
Drei wollen ...
Wir alle wollen ...

nicht viel Miete bezahlen • gut Deutsch sprechen •
eine Familie haben • eine Arbeit finden • in Urlaub fahren •
eine Pause machen • ...

K8–1 **6 Selma fragt im Internet.**

a Lesen Sie die Texte. Wo steht etwas zu 1–6? Notieren Sie den Buchstaben.

1. Heizung _A_ 2. Haustiere .... 3. Musik .... 4. Nebenkosten .... 5. Nachbarn .... 6. Balkon ....

Forum Wohnen 👥👥 | Suche |

Wohnen in Deutschland: Was ist wichtig?

Frage von Selma 19:56
Liebe Leute, wir wohnen noch nicht lange in Deutschland.
Wir suchen eine Wohnung. Was ist wichtig?
Was müssen wir beachten? Wir haben zwei Kinder.

A **Antwort von Rudi** 20:03
Wollt ihr eine Wohnung mieten? Dann, ganz wichtig: Was kostet die Wohnung kalt? Wie hoch sind die Nebenkosten?
Also, was müsst ihr im Monat für Heizung, Wasser und so weiter bezahlen?

B **Antwort von Sternchen** 20:09
Gute Nachbarn sind wichtig. Und gute Vermieter. Bei uns dürfen die Kinder auf dem Hof spielen, aber sie dürfen nicht Skateboard fahren.
Wir dürfen den Kinderwagen im Hausflur abstellen, aber wir dürfen nicht auf dem Balkon grillen.

C **Antwort von Tiger** 20:56
Genau! Ich frage immer: Was ist verboten? Was ist erlaubt?
Bei uns im Haus darf man kein Haustier haben.
Ich darf nach 20:00 Uhr keine Musik machen.

(G)

b Was dürfen die Mieter, was dürfen sie nicht?
Lesen Sie das Internetforum noch einmal und ergänzen Sie die Sätze.

1. Die Kinder _dürfen_ auf dem Hof ....

2. Der Mieter .... kein Haustier haben.

3. Nach 20.00 Uhr .... der Mieter keine Musik ....

4. Wir .... nicht auf dem Balkon ....

5. Die Kinder .... nicht Skateboard ....

○ **Erlaubnis**

ich	darf
du	darfst
er/es/sie	darf
wir	dürfen
ihr	dürft
sie/Sie	dürfen

⊘ **Verbot:**

Ich darf **nicht** rauchen.
Ich darf **kein** Haustier haben.

c Schilder – Was darf man hier, was darf man nicht? Sprechen Sie.

> Hier darf man keine Wäsche aufhängen.

UND SIE?

Was dürfen Sie im Deutschkurs, was dürfen Sie nicht? Sammeln Sie und erzählen Sie im Kurs.

> Wir dürfen Kaffee trinken.

> Wir dürfen im Deutschkurs nicht telefonieren.

7 Wohnen in Deutschland

a Lesen Sie. Welche Überschrift passt wo?

1. **Wir suchen eine Wohnung.**
3. **Besuch willkommen!**

2. **Klein, aber fein**
4. **Zusammen wohnen für wenig Geld**

(A) ☐

„Unsere Wohnung ist sehr wichtig für uns", sagt Irena Lorenz. „Wir 5 haben auch viel Besuch. Wir laden unsere Eltern und auch Freunde und Verwandte zu Kaffee und Kuchen oder zum 10 Essen ein. Oft kommen meine Freundinnen und ihre Babys und Kinder." Familie Lorenz gibt viel Geld für die Miete aus – viele andere Deutsche auch.

(B) ☐

In Deutschland gibt es viele Wohngemeinschaften (WGs). In einer WG wohnen Men-5 schen zusammen. Die Menschen in einer WG sind oft jung, so wie Klaus, Miriam, Istefo, Helga und Özlem. Ihre Wohnung ist 128 m² groß. „Jeder hat sein Zimmer. Das Bad und die Küche benutzen wir zu-10 sammen". sagt Özlem. „Das ist nicht teuer", meint Helga, „und wir haben viel Spaß."

(C) ☐

Fast 16 Millionen Menschen in Deutschland wohnen allein. So wie Minos Papadakis. „Ich 5 arbeite den ganzen Tag. Abends will ich nur meine Ruhe haben. Meine Wohnung ist klein, aber nicht zu klein. Ich habe 10 nicht viele Möbel und so finde ich sie perfekt", sagt er. „Und sie ist auch billig: Ich zahle nur 350 Euro Miete!"

(D) ☐

„Euer Balkon ist sehr schön, aber eure Wohnung ist zu klein! Das sagen unsere Freunde 5 immer, und wir finden, sie haben recht!" erzählt Mario Ancelotti. Er, seine Frau und ihre vier Kinder haben nur eine 3-Zimmer-Wohnung. Wir suchen jetzt eine 5-Zim-10 mer-Wohnung, aber das ist nicht leicht." Viele Wohnungen in der Stadt sind zu teuer. „Wir wollen nicht auf dem Land wohnen", sagt seine Frau. „Die Kinder gehen hier zur Schule und wir arbeiten hier."

b Lesen Sie die Texte noch einmal und kreuzen Sie an. Sind die Sätze 1–8 richtig oder falsch?

	R	F
1. Irena Lorenz lädt nicht gerne Leute ein.	☐	☐
2. Familie Lorenz bezahlt wenig für die Wohnung.	☐	☐
3. Viele junge Menschen wohnen in Deutschland in einer WG.	☐	☐
4. Die Küche in einer WG benutzen alle.	☐	☐
5. Die Wohnung von Minos Papadakis ist zu groß.	☐	☐
6. Minos mag seine Wohnung.	☐	☐
7. Familie Ancelotti braucht eine 5-Zimmer-Wohnung.	☐	☐
8. Familie Ancelotti will in der Stadt wohnen.	☐	☐

(G)

Possessivartikel im Plural

	wir	ihr	sie
der Balkon	unser	euer	ihr
das Zimmer	unser	euer	ihr
die Wohnung	unsere	eure	ihre
die Terrassen	unsere	eure	ihre

UND SIE?

Wie wohnen die Menschen in Ihrem Land?

Bei uns sind die Wohnungen sehr groß.

Bei uns sind die Wohnungen …
In … gibt es …
Viele Familien/Singles/Paare wohnen …
Die Leute müssen … bezahlen.
Auf dem Land kann/muss man …
In der Stadt …

a Welche Anzeige passt zu welchem Foto? Lesen Sie die Wohnungsanzeigen und ordnen Sie zu.

 Ⓐ
 Ⓑ
 Ⓒ

① *Nachmieter gesucht!*
2-Zimmer-Wohnung, 50 m² + Balkon
Südseite, sonnig! Kaltmiete 530 €,
Nebenkosten 170 €. ☎ *0160 259 7520*

② 3 ZKB, Terrasse, Garten, 82 Quadratmeter. Garage. KM 825 € + NK 220 €
Tel.: 0155 21 32 16

③ **5-Zi-WHG**, Größe: 128 m², Bad neu!, Toilette, Keller. Warmmiete 1.449 € mtl.
www.mietmich.de

🎵 2.71 **b** Markieren Sie die Zahlen in den Anzeigen. Hören Sie und sprechen Sie nach.

825

1449

achthundertfünfundzwanzig

eintausendvierhundertneunundvierzig

c Finden Sie die Abkürzungen in den Anzeigen.

3 Zimmer, Küche und Bad _3 ZKB_

Nebenkosten ....

5-Zimmer-Wohnung ....

Kaltmiete ....

Quadratmeter ....

monatlich ....

🎵 2.72 **d** Der Satzakzent bei Aufzählungen – Hören Sie zu und sprechen Sie nach.

Diese Wohnung hat 3 Zimmer, Küche und <u>Bad</u>. • Diese Wohnung hat einen Balkon, 2 Zimmer, ein Wohnzimmer und eine <u>Garage</u>. • Diese Wohnung hat ein Bad, eine Küche und eine <u>Terrasse</u>.

e Notieren Sie für jede Wohnung aus 8a die Informationen. Fragen und antworten Sie.

Wie viele Zimmer hat die Wohnung? • Wie hoch ist die Miete? • Wie hoch sind die Nebenkosten? •
Wie groß ist die Wohnung? • Gibt es eine Garage / einen Balkon / …?

K8 **VORHANG AUF**

a Wählen Sie ein Foto: A, B oder C.
Zeichnen Sie einen Wohnungsgrundriss für die Personen.

 Ⓐ
 Ⓑ
 Ⓒ

b Stellen Sie die Wohnung im Kurs vor.

Das ist eine Wohnung für vier Freundinnen. Ihre Wohnung ist sehr groß. Sie …

c Spielen Sie Wohnungsbesichtigung.

Wie hoch ist die Miete?

 …

Dürfen Kinder im Hof spielen?

Gibt es einen Keller?

Wo kann man parken?

ÜBUNGEN

1 Der Besuch

a Bilden Sie Wörter. Notieren Sie sie.

GAST   NUNG   GE   SEH   WOH   BER   AN   BLU   LICH   MEN   ~~EIN~~
KOM   ~~LA~~   EN   WILL   ~~DUNG~~   MEN   HERZ   EN   KOCH

1. _die Einladung_ ....
2. ....
3. ....
4. ....

5. ....
6. ....
7. ....
8. ....

b Lesen Sie die Einladung. Ergänzen Sie die Verben.

gibt   machen   kommt   einladen   kochen

☺☺☺ **Einladung** ☺☺☺

Liebe Freunde!

Ich möchte euch herzlich (1) .... :

am Samstag um sieben Uhr bei mir. (2) .... ihr? Wir können

zusammen (3) .... Meine Küche ist sehr groß.

Es (4) .... viel Platz. Wir (5) .... Pizza und Salat.

Bis Samstag

Roman

2 Vier Zimmer, Küche, Bad

🎧 2.73   **a** Hören Sie. Welche Zimmer sind das? Ordnen Sie zu.

1. _f_ ....
2. ....
3. ....
4. ....
5. ....
6. ....

a) das Wohnzimmer
b) das Bad
c) die Küche
d) das Kinderzimmer
e) das Arbeitszimmer
f) das Schlafzimmer

b Kennen Sie die Wörter? Ergänzen Sie die Buchstaben und den Artikel *der*, *das* oder *die*.

1. _der_ B a l k o n
2. .... Ga _ _ g _
3. .... Ga t _ _ _
4. .... Toi _ _ tt _

5. .... K _ _ l _ r
6. .... F _ _ r
7. .... D _ s _ h _
8. .... W _ h _ _ ng

c Gibt es ...? Ergänzen Sie -e, -en oder —.

Gibt es ...?	Ja, es gibt ...	Nein, es gibt ...
1. ein _en_ Balkon?	ein _en_ Balkon.	kein _en_ Balkon.
2. ein _____ Bad?	ein _____ Bad.	kein _____ Bad.
3. ein _____ Garage?	ein _____ Garage.	kein _____ Garage.
4. ein _____ Keller?	ein _____ Keller.	kein _____ Keller.

d Was gibt es in dieser Wohnung? Was gibt es nicht? Schreiben Sie.

Es gibt ...

ein Wohnzimmer, ...

....

....

....

Es gibt ...

keine Gästetoilette, kein ....

....

....

....

3 Die Wohnung ist schön.

a Gegensätze – Ordnen Sie zu.

1. ~~groß~~   a) alt
2. ruhig   b) ~~klein~~
3. modern   c) dunkel
4. hell   d) laut
5. neu   e) unmodern

groß – klein ....

....

....

....

b Bilden Sie Sätze.

Kinderzimmer   Garten   Küche   ...   alt   groß   klein   ruhig   dunkel

Flur   ~~Bad~~   Balkon   Garage   Wohnzimmer   laut   ~~modern~~   neu   hell   unmodern   ...

Das Bad ist modern.

2.74 c Hören Sie und ergänzen Sie die Adjektive.

Meine Wohnung ist (1)........................ und (2)........................ . Sie hat vier Zimmer: ein Wohnzimmer,

ein Arbeitszimmer, ein Kinderzimmer und ein Schlafzimmer. Das Schlafzimmer ist (3)........................ .

Das Kinderzimmer ist aber (4)........................ . Die Küche ist (5)........................ und (6)........................ .

Dort koche ich gerne. Mein Arbeitszimmer ist (7)........................ . Nur der Flur ist (8)........................ .

d Schreiben Sie einen Text über Ihre Wohnung.

4 Die Wohnung ist zu teuer.

a Ergänzen Sie die Sätze mit *sehr* oder *zu*.

| | | | 250.000 € | 2.500 € |
| Das Haus ist | Das Glas ist | Die Straße ist | Das Haus ist | Die Monitore sind |

....

b Lesen Sie den Dialog. Ergänzen Sie die Sätze.

Die Küche ist unmodern.   Der Balkon ist zu klein.   Ich finde sie toll.

950 € ist zu teuer.   Nein, lieber nicht.   Das Wohnzimmer ist groß.

● Wie findest du die Wohnung? ....

○ Ja, die Wohnung ist toll. Aber ....

● Zu teuer? Es gibt zwei Kinderzimmer und die Küche ist modern.

○ .... Sie ist viel zu klein.

● Und wie findest du das Wohnzimmer?

○ .... , aber ein bisschen dunkel.

● Und der Balkon?

○ ....

● Also willst du die Wohnung nicht?

○ .... Hier ist die Zeitung ...

5 Wer will was?

a Ein Paar – Schreiben Sie Sätze.

Das will ER ...

1. am Wochenende lange schlafen
2. Fußball sehen
3. essen gehen
4. im Garten grillen
5. ...

Das will SIE ...

1. am Wochenende einkaufen
2. einen Film sehen
3. zu Hause kochen
4. Freunde besuchen
5. ...

Er will am Wochenende lange schlafen. Sie will ...

....

....

b Was wollen Sie und Ihre Familie? Schreiben Sie.

Ich		im Garten arbeiten.
Meine Frau		einkaufen gehen.
Mein Mann		im Kinderzimmer spielen.
Die Kinder		einen Kuchen backen.
Die Kursteilnehmer	wollen	fernsehen.
Mein Chef		nicht so viel Miete bezahlen.
Meine Mutter		im Garten Fußball spielen.
Mein Vater		Freunde einladen.
Meine Tochter		…
Mein Sohn		
Wir		*Ich will einen Kuchen backen.*
…		

6 Was darf man? Was darf man nicht?

a Schreiben Sie Sätze zu den Schildern.

A: Hier darf man grillen.

grillen • kein Eis essen • Fußball spielen • nicht telefonieren • Fahrrad fahren • kein Skateboard fahren

b Was dürfen die Mieter in Ihrem Land? Was dürfen sie nicht? Markieren Sie.

1. nach 20 Uhr die Musik laut machen
2. auf dem Balkon grillen
3. das Auto auf der Straße waschen
4. ein Haustier haben
5. die Wäsche auf dem Balkon aufhängen
6. abends laut Musik hören

7. ....

8. ....

c Schreiben Sie die Sätze aus 6b in die Tabelle.

Die Mieter	dürfen	nicht	auf dem Balkon	grillen.
Sie				

7 Wohnen in Deutschland

a Lesen Sie. Ergänzen Sie die Wörter.

aus   Dusche   ~~geht~~   Grüße   toll   hat   groß   Miete   bezahle   wohne

> Hallo, Maria,
>
> wie geht es dir? Mir (1) _geht_ es gut. Ich bin in Deutschland. Ich (2) .... in einer
>
> WG. Die WG ist (3) .... Wir sind vier Leute: Sophia, Timo und Carmen und ich. Sie kommen (4)
>
> .... Frankreich, Polen und Spanien. Die Wohnung (5) .... vier Zimmer, eine Küche,
>
> ein Bad und eine Gästetoilette. Das Bad ist hell und hat eine (6) .... Wir essen abends in der
>
> Küche. Sie ist (7) .... Es gibt viel Platz. Ich koche gerne. Anna, Jean und Monica essen
>
> gerne ☺. Die (8) .... ist nicht so teuer. Ich (9) .... 180 €. Das ist okay.
>
> Liebe (10) ....
>
> Beata

b Yüksel Kartal erzählt. Schreiben Sie den Text.

meine|familie|ist|groß.|wirhabenfünfkinder.wirhaben
eineneuewohnung.diewohnunghatfünfzimmer:
einwohnzimmerdreikinderzimmereinschlafzimmer
einekücheundeinbad.dasbadhateineduscheundeine
badewanne.dasbadisthellundneu.diewohnunghateinenbalkon.
derbalkonistgroßundhell.diewohnungistschön.sieistaberteuer.

Meine Familie ist groß. Wir ...

c Wie sieht die Wohnung aus? – Markieren Sie die Possessivartikel im Dialog und ergänzen Sie die Tabelle.

● Mario, wie sieht eure Wohnung aus?
○ Unser Wohnzimmer ist hell, unser Garten ist sehr ruhig und unsere Küche ist modern.
● Ist euer Schlafzimmer groß oder klein?
○ Unsere Zimmer sind klein. Und das Kinderzimmer ist zu klein.
● Habt ihr ein Kinderzimmer für eure vier Kinder zusammen?
○ Ja, leider. Sie und ihre Freunde können dort nicht spielen oder lernen.
● Und wo machen sie ihre Hausaufgaben?
○ Ihr Schreibtisch ist im Wohnzimmer. Aber ihre Schule gibt keine Hausaufgaben.

wir		ihr		sie *(Plural)*	
unser	Garten	....	Balkon	....	Schreibtisch
....	Wohnzimmer	_euer_	Schlafzimmer	....	Kinderzimmer
....	Küche	....	Wohnung	_ihre_	Schule
unsere	Schlafzimmer	....	Kinder	....	Freunde

8 Selma und Markus lesen Wohnungsanzeigen.

a Lesen Sie die Zahlen laut. Markieren Sie sie wie im Beispiel. Schreiben Sie dann die Ziffern.

1. ein|hundert|sechs|und|neunzig   _196_   4. eintausendsechshundertachtundsechzig   ....

2. fünfhundertsiebenundsiebzig   ....   5. viertausendzweihundertdreißig   ....

3. zweihundertneunundneunzig   ....   6. neuntausenddreiunddreißig   ....

🎧 2.75 **b** Welche Zahl hören Sie? Kreuzen Sie an.

1. ⬭ 576   ⬭ 657   5. ⬭ 345   ⬭ 354
2. ⬭ 968   ⬭ 986   6. ⬭ 8601   ⬭ 8106
3. ⬭ 1423   ⬭ 1324   7. ⬭ 234   ⬭ 342
4. ⬭ 5681   ⬭ 5861   8. ⬭ 799   ⬭ 719

c Ergänzen Sie den Wortigel.

....

....   (eine Wohnung mieten)   ....

die Nebenkosten ....

die Miete • der Mieter • die Nebenkosten • die Nachbarn • die Größe • der Vermieter ...

d Lesen Sie die Anzeige und schreiben Sie eine E-Mail über die Wohnung.

2 ZKB, 56 Quadratmeter.
Balkon, Garage.
KM 525 € + NK 200 €
Tel.: 0150-212361.

Liebe/Lieber …
wie findest du die Wohnung / das Haus /…?
Sie hat einen/ein/eine … Es gibt einen/ein/eine …
Aber es gibt keinen/kein/keine …
Sie/Es kostet … im Monat … kalt. Die Nebenkosten sind …
Was denkst du?
Liebe/Viele Grüße

LEICHTER LERNEN

Mit Bewegung lernen

Gehen Sie beim
Lernen hin und her.

Machen Sie
Bewegungspausen.

Seien Sie aktiv beim
Lernen.

Bewegen Sie im Kurs
Füße und Hände.

RICHTIG SCHREIBEN

🎧 2.76 **a** Hören Sie *ch* oder *sch*? Kreuzen Sie an. Hören Sie noch einmal zur Kontrolle.

    (ch)   (sch)   (ch)   (sch)
1. ⬭   ⬭   5. ⬭   ⬭
2. ⬭   ⬭   6. ⬭   ⬭
3. ⬭   ⬭   7. ⬭   ⬭
4. ⬭   ⬭   8. ⬭   ⬭

Wäsche • schön • schlafen • schreiben • ich • herzlich • wichtig • Küche

🎧 2.77 **b** Hören Sie und ergänzen Sie *ch* oder *sch*.

lei _ch_ t • an........auen • herzli........ • Mün........en • ....lafzimmer • Ti........ •

se........zig • spre........en • wa........en • Italieni........ • ....reiben • ri........tig

Mein Deutsch nach Kapitel 8

Das kann ich:

Gäste begrüßen

Wohnungen beschreiben

der Balkon   die Garage   die Toilette

    der Garten   …   der Keller

über ein Zimmer oder eine Wohnung sprechen

Willen/Absicht ausdrücken

Nils   fernsehen   die Eltern von Nils …

eine Wohnung kaufen   ich … arbeiten

meine Freundin   einkaufen

sagen, was erlaubt/verboten ist

Ich darf … ◯   Ich darf nicht … ⊘

Sprechen Sie.

Gastgeber: Herzlich …!
Gast: … für die Einladung.
…

Fragen und antworten Sie.

Gibt es einen/ein/eine …?
Ja, es gibt einen/ein/eine …
Nein, es gibt keinen/kein/keine …

Sprechen Sie.

● Wie findest du das Zimmer?
○ Ich finde es …
● Ja, es ist …, aber nicht …

Wer will was? Schreiben Sie vier Sätze.

Ich will …

Was darf ein Mieter, was darf er nicht? Schreiben Sie drei Sätze.

Ich darf keinen/kein/keine …   www → A1/K8

Das kenne ich:

(G)

Modalverben

Infinitiv	wollen	dürfen
ich	will	darf
du	willst	darfst
er/es/sie	will	darf
wir	wollen	dürfen
ihr	wollt	dürft
sie/Sie	wollen	dürfen

Satzklammer: Modalverben

Position 1	Modalverb: Position 2		Infinitiv: Ende
Die Kinder	wollen	im Garten	spielen .
Ich	darf	bis 22 Uhr Musik	machen .
Ich	darf	kein Haustier	haben .

Possessivartikel

	wir	ihr	sie/Sie
der Balkon	unser Balkon	euer Balkon	ihr/Ihr Balkon
das Zimmer	unser Zimmer	euer Zimmer	ihr/Ihr Zimmer
die Wohnung	unsere Wohnung	eure Wohnung	ihre/Ihre Wohnung
die Terrassen	unsere Terrassen	eure Terrassen	ihre/Ihre Terrassen

[G]

HALTESTELLE

1 Sprechen, schreiben ...

a Wer ist wann wo? Schreiben Sie die Wörter zum Thema „Familie" in die Tabelle wie im Beispiel.

die Mutter • das Baby • der Vater • der Onkel • die Tante • die Oma • der Opa • der Mann • die Frau

Beispiel

	im Büro	zu Hause	in der Schule
um 9 Uhr	der Onkel	der Mann	der Vater
um 12 Uhr	der Opa	die Tante	das Baby
um 20 Uhr	die Frau	die Oma	die Mutter

	im Büro	zu Hause	in der Schule
um 9 Uhr			
um 12 Uhr			
um 20 Uhr			

b Fragen Sie wie im Beispiel. Wer findet drei richtige Wörter zuerst?

	im Büro	zu Hause	in der Schule
um 9 Uhr	Opa		
um 12 Uhr			
um 20 Uhr			

Ist dein Opa um 9 Uhr im Büro?   Nein.   Ist deine Tante um 12 Uhr zu Hause?   Ja.

2 Laufdiktat

Wählen Sie.

Lesen Sie einen Satz. Gehen Sie zu Ihrem Tisch und schreiben Sie den Satz. Lesen Sie den nächsten Satz. Gehen Sie wieder ...

 oder

Lesen Sie einen Satz. Diktieren Sie Ihrer Partnerin / Ihrem Partner den Satz. Lesen Sie den nächsten Satz. ...
Tauschen Sie nach vier Sätzen die Rollen.

Meine Wohnung ist schön.

Ich habe viel Platz.

Das Wohnzimmer ist hell.

Die Küche ist neu und modern.

Das Schlafzimmer ist sehr ruhig.

Es gibt auch einen Balkon.

Die Kinder dürfen auf dem Hof spielen.

Und meine Nachbarn sind sehr nett.

. = Punkt

HD–1 **a Was macht man in diesen Berufen? Kreuzen Sie an und sprechen Sie.**

> Schreibt eine Architektin E-Mails?

> Ja, sie schreibt E-Mails.

der DJ   die Architektin   die Bedienung

	der DJ	die Architektin	die Bedienung
E-Mails schreiben	X	X	☐
Kaffee kochen	☐	☐	☐
Kuchen schneiden	☐	☐	☐
Termine machen	☐	☐	☐
mit Gästen sprechen	☐	☐	☐
Häuser zeichnen	☐	☐	☐
Interviews geben	☐	☐	☐
am Computer arbeiten	☐	☐	☐
aufräumen	☐	☐	☐

b Lesen Sie. Wer ist das? Manchmal gibt es mehrere Möglichkeiten.

Ich bin DJ. Mein Beruf macht
viel Spaß. Ich kann kreativ sein,
das ist super. Ich arbeite nachts.
Ich sehe viele Städte: Berlin,
Hamburg, Köln, Stuttgart …
Manchmal gebe ich auch
Interviews. Ich habe sehr viele
Termine. Oft bin ich müde
– aber ich liebe meine Arbeit!
Michael

Architektin ist mein Beruf.
Ich frage: Wie muss Ihr Haus
sein? Dann plane ich und mache
eine Zeichnung. Wir sprechen,
und ich mache die Zeichnung
neu …
Ich arbeite sehr viel am Computer. Es gibt oft Stress. Ich muss
sehr genau arbeiten, aber das
kann und mag ich auch.
Ines

Ich arbeite in einer Cafeteria.
Da sehe ich viele Leute, das ist
schön. Manchmal sind aber
auch sehr viele Gäste da, dann
ist es stressig.
Ich mache Brötchen, schneide
Kuchen, koche Kaffee und Tee,
räume auf …
Die Kolleginnen sind alle sehr
nett, das ist super.
Dana

1. … findet die Arbeit gut. ....

2. … trifft viele Leute. ....

3. … hat manchmal Stress. ....

4. … muss gut zeichnen. ....

5. … ist kreativ. ....

6. … mag die Kolleginnen. ....

7. … hat wenig Freizeit. ....

8. … arbeitet spät. ....

c Spielen Sie Berufe raten. Wählen Sie.

Sprechen Sie. ◀ **oder** ▶ **Machen Sie Pantomime.**

> Bist du Taxifahrer?

> Ich fahre viel Auto – aber nicht allein!
> Ich verdiene so mein Geld.

> Ja genau!

TESTTRAINING

1 Lesen

Sind die Sätze 1–5 | Richtig | oder | Falsch |? Kreuzen Sie an.

> → Lesen Sie zuerst die Aufgaben und dann den Text.
>
> → Sie müssen nicht alles verstehen. Suchen Sie im Text: Welche Wörter passen zu den Aufgaben?
>   Beispiel: Familienfest – Mutter, feiern.
>
> → Kreuzen Sie immer etwas an.

Beispiel **0 Das Familienfest ist am Wochenende.**   ~~Richtig~~ | Falsch |

Hallo Johanna,

danke für die Einladung zum Filmabend heute. Leider kann ich nicht kommen. Meine Mutter hat am Sonntag Geburtstag (70!!). Wir feiern alle zusammen. Ich muss heute noch drei Kuchen backen und zwei Salate machen. Aber am Montag habe ich Zeit. Wir können spazieren gehen, okay?

Liebe Grüße
Ute

1 Ute und Johanna kochen heute zusammen. | Richtig | | Falsch |

2 Ute möchte Johanna am Montag sehen. | Richtig | | Falsch |

Liebe Nachbarinnen und Nachbarn,

wir sind neu hier im Haus und möchten Sie alle kennenlernen.

Wir laden Sie ein:
am Samstag um 16 Uhr.

Es gibt Kaffee und Kuchen.

Die Wohnung ist zu klein für alle – wir feiern im Hof!
Ihre Kinder sind natürlich auch herzlich willkommen!

Viele Grüße
Simon und Magda Gerstner mit Kaja und Max

3 Das Fest beginnt um drei Uhr nachmittags. | Richtig | | Falsch |

4 Das Fest ist in der Wohnung. | Richtig | | Falsch |

5 Die Nachbarn können ihre Kinder mitbringen. | Richtig | | Falsch |

2 Schreiben

Ergänzen Sie das Formular.

> → Sehen Sie zuerst das Formular an. Welche Informationen
>   fehlen? Suchen Sie im Text nur diese Informationen.
>   Die anderen Informationen sind nicht wichtig.
>
> → Sie verstehen ein Wort nicht, zum Beispiel *Wohnort*? Vergleichen
>   Sie die Informationen im Formular und die Informationen im
>   Text. Im Formular steht 70176 und im Text steht 70176 Stuttgart.
>   → der Wohnort ist Stuttgart.
>
> → Unsicher? Schreiben Sie immer etwas!

Ihre Kollegin Danuta Wisniewska möchte eine Wohnung mieten. Sie ist geschieden und hat zwei Kinder.
Ihre Adresse ist:
Hasenbergstraße 47,
70176 Stuttgart.

Sie arbeitet als Verkäuferin und verdient 1200 € netto im Monat.
Die Vermieterin möchte noch einige Informationen von Danuta.
Helfen Sie Ihrer Kollegin und schreiben Sie die fünf fehlenden Informationen in das Formular.

Informationen zur Mieterin

Name, Vorname	*Wisniewska, Danuta*	(0)
Straße / Hausnummer	....	(1)
Postleitzahl / Wohnort	*70176*	(2)
Telefon	*0711 32 23 415*	
E-Mail-Adresse	*danuta_wi_73@web.de*	
Familienstand	☐ ledig ☐ verheiratet ☐ geschieden	(3)
Mit wie vielen Personen möchten Sie in der Wohnung wohnen?		(4)
Beruf:	....	(5)
Verdienst:	*1200 € netto im Monat*	
Unterschrift:	*Danuta Wisniewska*	

HD – 2

Grammatik

Inhaltsverzeichnis

Verben

1 Konjugation im Präsens

a Verbendungen: regelmäßige Verben

Infinitiv	kommen	wohnen
Singular		
ich	komme	wohne
du	kommst	wohnst
er/es/sie	kommt	wohnt
Plural		
wir	kommen	wohnen
ihr	kommt	wohnt
sie/Sie	kommen	wohnen

b Verbendungen: besondere Verben

Infinitiv	heißen	arbeiten
Singular		
ich	heiße	arbeite
du	heißt	arbeitest
er/es/sie	heißt	arbeitet
Plural		
wir	heißen	arbeiten
ihr	heißt	arbeitet
sie/Sie	heißen	arbeiten

c Verben mit Vokalwechsel

Infinitiv	fahren	schlafen	sprechen	nehmen	essen	lesen
ich	fahre	schlafe	spreche	nehme	esse	lese
du	fährst	schläfst	sprichst	nimmst	isst	liest
er/es/sie	fährt	schläft	spricht	nimmt	isst	liest
wir	fahren	schlafen	sprechen	nehmen	essen	lesen
ihr	fahrt	schlaft	sprecht	nehmt	esst	lest
sie/Sie	fahren	schlafen	sprechen	nehmen	essen	lesen
	genauso:					*genauso:*
	waschen					*sehen*

d trennbare Verben

Infinitiv	anrufen	ausschlafen	einladen	fernsehen
ich	rufe an	schlafe aus	lade ein	sehe fern
du	rufst an	schläfst aus	lädst ein	siehst fern
er/es/sie	ruft an	schläft aus	lädt ein	sieht fern
wir	rufen an	schlafen aus	laden ein	sehen fern
ihr	ruft an	schlaft aus	ladet ein	seht fern
sie/Sie	rufen an	schlafen aus	laden ein	sehen fern
	genauso:	*genauso:*		*genauso:*
	ausgehen,	*anfangen*		*ansehen*
	einkaufen			

e Modalverben

Infinitiv	können	müssen	wollen	dürfen	mögen		(möchten)
ich	kann	muss	will	darf	mag	ich	möchte
du	kannst	musst	willst	darfst	magst	du	möchtest
er/es/sie	kann	muss	will	darf	mag	er/es/sie	möchte
wir	können	müssen	wollen	dürfen	mögen	wir	möchten
ihr	könnt	müsst	wollt	dürft	mögt	ihr	möchtet
sie/Sie	können	müssen	wollen	dürfen	mögen	sie/Sie	möchten

2 Konjugation von *haben* und *sein*

a Konjugation von *haben* und *sein* im Präsens

Infinitiv	haben	sein
ich	habe	bin
du	hast	bist
er/es/sie	hat	ist
wir	haben	sind
ihr	habt	seid
sie/Sie	haben	sind

b Konjugation von *haben* und *sein* im Präteritum

Infinitiv	haben	sein
ich	hatte	war
du	hattest	warst
er/es/sie	hatte	war
wir	hatten	waren
ihr	hattet	wart
sie/Sie	hatten	waren

Nomen und Artikel

1 Artikelwörter: Deklination

Singular	maskulin	neutrum	feminin	Plural
Nominativ	der Kuli	das Buch	die Tasche	die Kulis/Bücher/Taschen
	ein Kuli	ein Buch	eine Tasche	– Kulis/Bücher/Taschen
	kein Kuli	kein Buch	keine Tasche	keine Kulis/Bücher/Taschen
	mein Kuli	mein Buch	meine Tasche	meine Kulis/Bücher/Taschen
Akkusativ	den Kuli	das Buch	die Tasche	
	einen Kuli	ein Buch	eine Tasche	*Im Plural sind die Artikel im*
	keinen Kuli	kein Buch	keine Tasche	*Nominativ und Akkusativ*
	meinen Kuli	mein Buch	meine Tasche	*gleich.*

2 Artikelwörter: Bezeichnungen

a der bestimmte Artikel

Nominativ:	Das ist der Kuli / das Buch / die Tasche.	sein + Nominativ
	Das sind die Kulis/Bücher/Taschen.	
Akkusativ:	Ich suche den Kuli / das Buch / die Tasche.	suchen + Akkusativ
	Ich suche die Kulis/Bücher/Taschen.	

b der unbestimmte Artikel

Nominativ: Das ist ein Kuli / ein Buch / eine Tasche.
Das sind Kulis/Bücher/Taschen.

Akkusativ: Ich suche einen Kuli / ein Buch / eine Tasche.
Ich suche Kulis/Bücher/Taschen.

c der Negativartikel

Nominativ: Das ist kein Kuli / kein Buch / keine Tasche.
Das sind keine Kulis/Bücher/Taschen.

Akkusativ: Ich suche keinen Kuli / kein Buch / keine Tasche.
Ich suche keine Kulis/Bücher/Taschen.

3 Possessivartikel

	ich	du	er/es	sie	wir	ihr	sie	Sie	
maskulin	mein	dein	sein	ihr	unser	euer	ihr	Ihr	Freund
neutrum	mein	dein	sein	ihr	unser	euer	ihr	Ihr	Auto
feminin	meine	deine	seine	ihre	unsere	eure	ihre	Ihre	Freundin
Plural	meine	deine	seine	ihre	unsere	eure	ihre	Ihre	Hobbys

Das ist sein Regenschirm.

Das ist ihr Regenschirm.

4 Nomen: Plural

¨ / –
der Apfel / die Äpfel
der Lehrer / die Lehrer

-e / ¨e
der Tisch / die Tische
der Stuhl / die Stühle

-n / -en
die Banane / die Bananen
die Uhr / die Uhren

-s
das Handy / die Handys

-er / ¨er
das Bild / die Bilder
das Buch / die Bücher

5 Komposita

der Apfel + der Saft
↓
der Apfelsaft (maskulin)

der Käse + das Brötchen
↓
das Käsebrötchen (neutrum)

das Telefon + die Nummer
↓
die Telefonnummer (feminin)

Personalpronomen

1 Personalpronomen im Nominativ

Singular

ich du er es sie

Plural

wir ihr sie Sie

2 Personalpronomen und Artikel

Der Monitor funktioniert nicht.
↳ **Er** ist kaputt.

Das Handy ist hier.
↳ **Es** ist neu.

Die Brille ist nicht hier.
↳ **Sie** ist zu Hause.

Fragewörter

Wie?	**Wie** heißen Sie?
Wo?	**Wo** wohnen Sie?
Woher?	**Woher** kommen Sie?
Wer?	**Wer** kommt aus Syrien?
Was?	**Was** bist du von Beruf?
Wie?	**Wie** spät ist es?
Wann?	**Wann** frühstückst du?
Wie lange?	**Wie lange** siehst du abends fern?
Von wann bis wann?	**Von wann bis wann** arbeitest du?

Präpositionen

1 lokale Präpositionen

in   Ich wohne in München.

aus   Ich komme aus der Türkei.

2 temporale Präpositionen

am   am Morgen, am Mittag, am Abend
um   um 7:30 Uhr, um 12:15 Uhr, um 20:00 Uhr
von ... bis von 8 Uhr bis 17 Uhr, von Montag bis Freitag

Sätze

1 Aussagesätze

Verb: Position 2

Ich   (komme)   aus Spanien.

2 W-Fragen

Verb: Position 2

Woher   (kommst)   du?

3 Ja/Nein-Fragen

Verb: Position 1

(Kommst)   du   aus den USA?
(Wohnst)   du   in Köln?

4 Aufforderungen und Bitten

Verb: Position 1

(Lesen)   Sie   bitte die Dialoge.
(Lesen)   Sie   die Dialoge, bitte.

Satzklammer

1 trennbare Verben

Position 1	Verb: Position 2		Verb: Ende
Markus	schläft	am Sonntag	aus .
Am Freitag	kauft	Selma gerne	ein .

2 Modalverben

Position 1	Modalverb: Position 2		Infinitiv: Ende
Wir	müssen	noch viel	vorbereiten .
Ich	kann	Anna vom Kindergarten	abholen .
Die Kinder	wollen	im Garten	spielen .
Ich	darf	hier Musik	machen .

Zeitangaben im Satz

Position 1	Position 2		
Markus	geht	am Dienstag	zum Friseur.
Am Dienstag	geht	Markus	zum Friseur.
Ich	gehe	um sieben Uhr	zur Arbeit.
Um sieben Uhr	gehe	ich	zur Arbeit.

Verben mit Akkusativ

Die meisten Verben haben den Akkusativ.

abholen	Ich hole **Anna** ab.
abstellen	Er stellt **den Kinderwagen** ab.
ankreuzen	Kreuzen Sie **die Antwort** an.
anrufen	Roman ruft **die Familie** an.
ansehen	Diana sieht gerne **Fotos** an.
aufhängen	Er hängt **die Wäsche** auf.
aufräumen	Stefan räumt **die Stühle** auf.
aufschreiben	Schreiben Sie **Sätze** auf.
ausgeben	Selma gibt heute **viel Geld** aus.
backen	Selma backt **einen Kuchen**.
beantworten	Beantworten Sie **die Fragen**.
benutzen	Alle benutzen **die Küche**.
begrüßen	Der Chef begrüßt **Eleni**.
besuchen	Ich besuche **einen Freund**.
bezahlen	Markus bezahlt **die Miete**.
bilden	Bilden Sie **Sätze**.
braten	Ich brate **das Gemüse**.
brauchen	Brauchst du **einen Kuli**?
buchstabieren	Er buchstabiert **das Wort**.
decken	Die Kinder decken **den Tisch**.
einladen	Wir laden **Freunde** ein.
ergänzen	Ergänzen Sie **den Text**.
erzählen	Ben erzählt **eine Geschichte**.
essen	Er isst **einen Salat**.
finden	Wo finde ich **die Bananen**?
formulieren	Formulieren Sie **einen Satz**.
fragen	Fragen Sie **Ihren Partner**.
grillen	Wir grillen **das Fleisch**.
haben	Haben Sie **Bananen**?
holen	Könnt ihr **Stühle** holen?
hören	Hören Sie **den Dialog**.
kaufen	Du musst **Blumen** kaufen.
kennen	Kennen Sie **die Wörter**?
kochen	Wir kochen heute **Gemüse**.
korrigieren	Korrigieren Sie **die Sätze**.
lernen	Ich lerne **Deutsch**.
lesen	Eleni liest **ein Buch**.
lieben	Ich liebe **Schokolade**.
machen	Ich mache heute **das Essen**.
markieren	Markieren Sie **den Wortakzent**.
mieten	Danuta mietet **eine Wohnung**.
mitbringen	Markus bringt **sein Kind** mit.
möchten	Ich möchte **einen Apfel**.
mögen	Mögen Sie **Salat**?
nachsprechen	Sprechen Sie **die Sätze** nach.
nehmen	Er nimmt **ein Ei** zum Frühstück.
notieren	Notieren Sie **die Nummer**.
nummerieren	Nummerieren Sie **die Fotos**.
ordnen	Ordnen Sie **die Karten**.
organisieren	Eleni organisiert **ein Fest**.
packen	Ich packe **den Koffer**.
parken	Ich parke **das Auto** hier.
probieren	Er probiert **den Reis**.
rauchen	Er raucht **eine Zigarette**.
renovieren	Selma will **das Haus** renovieren.
reparieren	Jan repariert **den Computer**.
sagen	Sagen Sie **Ihren Namen**.
sammeln	Sammeln Sie **Fragen**.
schneiden	Ich schneide **den Kuchen**.
schreiben	Schreiben Sie **einen Dialog**.
sehen	Heute Abend sehen wir **Ben**.
speichern	Ben speichert **die E-Mail**.
spielen	Spielen Sie **die Dialoge**.
sprechen	Sprechen Sie **das Wort**.
suchen	Suchen Sie **neue Wörter**.
tauschen	Tauschen Sie **die Sätze**.
trinken	Wir dürfen **Kaffee** trinken.
üben	Wir üben **Dialoge**.
unterstreichen	Unterstreichen Sie **die Vokale**.
variieren	Variieren Sie **den Dialog**.
vergessen	Vergessen Sie **das Geld** nicht.
vergleichen	Vergleichen Sie **die Sätze**.
vorbereiten	Lena muss **das Fest** vorbereiten.
vorstellen	Stellen Sie **Ihren Partner** vor.
wählen	Wählen Sie **ein Foto**.
waschen	Kannst du **die Wäsche** waschen?
weiterhören	Ben hört **die Musik** alleine weiter.
wiederholen	Wiederholen Sie **den Dialog**.
wissen	Pablo weiß **das Wort** nicht.
zählen	Zählt **die Personen**.
zeichnen	Zeichnen Sie **ein Bild**.
zeigen	Zeigen Sie **Ihre Wohnung**.
ziehen	Ziehen Sie **eine Karte**.
zuordnen	Ordnen Sie **die Aussagen** zu.

Unregelmäßige Verben

anfangen, fängt an	**geben**, gibt	**mögen**, mag	**sprechen**, spricht
backen, bäckt/backt	**haben**, hat	**müssen**, muss	**vergessen**, vergisst
braten, brät	**helfen**, hilft	**nehmen**, nimmt	**waschen**, wäscht
dürfen, darf	herumlaufen, läuft	**raten**, rät	**wissen**, weiß
einladen, lädt ein	herum	**schlafen**, schläft	**wollen**, will
essen, isst	**können**, kann	**sehen**, sieht	
fahren, fährt	**lesen**, liest	**sein**, ist	

Alphabetische Wortliste

Diese Informationen finden Sie im Wörterverzeichnis:
In der Liste finden Sie die Wörter aus den Kapiteln 1–8 von *Linie 1*.
Wo Sie das Wort finden:
z. B. abends 5/2f, 66

abends	5/	2f,	66
Wort	Kapitel	Nummer der Aufgabe	Seite

Den Wortakzent: kurzer Vokal . oder langer Vokal _.
Bild, das, -er 1/Vorhang auf, 7
da 3/4a, 35

Bei trennbaren Verben: 3. Person Singular:
aufräumen, räumt auf 7/6a, 101

Bei Nomen: das Wort, den Artikel, die Pluralform:
Banane, die, -n 4/3a, 49

= *Singular*: die Banane
= *Plural*: die Bananen

Bei verschiedenen Bedeutungen eines Wortes:
das Wort und Beispiele:
das (1) *(Das ist Herr Puente.)* 1/1b, 1
das (2) *(das Verb)* 1/3b, 3

Fett gedruckte Wörter gehören zum Wortschatz für die Prüfungen Start-Deutsch, Deutsch-Test für Zuwanderer bzw. Zertifikat Deutsch. Diese Wörter müssen Sie auf jeden Fall lernen.

Abkürzungen und Symbole

¨	Umlaut im Plural bei Nomen
, *	keine Steigerung (bei Adjektiven)
(*Sg.*)	nur Singular (bei Nomen)
(*Pl.*)	nur Plural (bei Nomen)

Abc, das, -s 1/5b, 4
Abend, der, -e *(Guten Abend.)* 1/2b, 2
Abendessen, das (*Sg.*) 5/4a, 68
abends 5/2f, 66
aber (1) *(Ihr sprecht aber gut Deutsch.)* 2/4a, 18
aber (2) *(Oh, wir lernen Deutsch, aber Deutsch ist ein bisschen schwer.)* 2/4a, 18
abholen, holt ab 7/5a, 100
Abkürzung, die, -en 8/8c, 117
abstellen, stellt ab 8/6a, 115
ach 7/7b, 102
ach ja 7/5a, 100
ach so 2/4a, 18
Ach-Laut, der, -e 7/4, 99
achten 3/7a, 37
Adjektiv, das, -e 8/3b, 113
Adresse, die, -n 1/8b, 6
ah 1/3a, 3
Akkusativ, der, -e 4/4b, 50
Aktivität, die, -en 5/Und Sie?, 70
Alkohol, der (*Sg.*) 6/Und Sie?, 85
alle 7/8a, 102
allein, alleine 2/Und Sie?, 19
alles 6/2a, 80
Alltag, der (*Sg.*) 5/4, 68
als *(Sie arbeitet als Verkäuferin.)* 2/7a, 21
also (1) *(Pablo, also P-a-b-l-o?)* 1/9d, 7
also (2) *(Also, ich finde die Wohnung schön.)* 8/3b, 113
alt 2/6a, 20
Alter, das (*Sg.*) 2/6c, 26
am (1) *(am Satzanfang)* 1/9c, 7
am (2) *(am Dienstag)* 5/3c, 67
an *(an der Wohnungstür)* 8/1d, 111
andere 2/6a, 20
anders 4/7d, 52
anfangen, fängt an 6/7a, 84
ankreuzen, kreuzt an 1/1a, 1

Anmeldung, die, -en 1/8, 6
Anrufbeantworter, der, – 5/7c, 71
anrufen, ruft an 5/6a, 70
ansehen, sieht an 1/1a, 1
Antwort, die, -en 1/9a, 7
antworten 1/2c, 2
Anweisung, die, -en 3/8d, 38
Anzeige, die, -n 8/8a, 117
Apfel, der, ¨ 4/3a, 49
Apfelkuchen, der, – 4/3a, 49
Apfelsaft, der, ¨e 4/3a, 49
Arabisch 2/5b, 19
Arbeit, die, -en 6/7a, 84
arbeiten 2/7a, 21
arbeitslos 2/6a, 20
Arbeitsplatz, der, ¨e 6/7a, 84
Arbeitszimmer, das, – 8/2a, 112
Architekt, der, -en 7/2a, 98
Artikel, der, – 3/1c, 33
Arzt, der, ¨e 7/5a, 100
Arzttermin, der, -e 7/5b, 100
auch 2/5c, 19
auf (1) *(Vorhang auf)* 1/Vorhang auf, 7
auf (2) *(auf der Party)* 2/3, 17
auf (3) *(Wie heißt das auf Deutsch?)* 3/1a, 39
Auf Wiederhören 2/1b, 15
Auf Wiedersehen 1/2b, 2
Aufforderung, die, -en 3/8b, 38
Aufgabe, die, -n 2/7b, 21
aufhängen 8/6c, 115
aufräumen, räumt auf 7/6a, 101
aufschreiben, schreibt auf 2/2c, 16
aufstehen, steht auf 5/6f, 70
aufwachen, wacht auf 5/1b, 65
Aufzählung, die, -en 8/8d, 117
aus 1/1b, 1
ausgeben, gibt aus 8/7a, 116
ausgehen, geht aus 5/6a, 70
Aussage, die, -n 3/6b, 37

ausschlafen, schläft aus 5/6b, 70
aussehen, sieht aus *(Die Wohnung sieht schön aus.)* 8/7a, 116
Aussprache, die (*Sg.*) 1/3e, 3
Auto, das, -s 3/5a, 36
Baby, das, -s 8/7a, 116
backen, bäckt/backt 5/5a, 69
Bäcker, der, – 6/7a, 84
Bad, das, ¨er 8/2a, 112
Badezimmer, das, – 8/2d, 112
Balkon, der, -e/-s 8, 111
Banane, die, -n 4/3a, 49
beachten 8/6a, 115
beantworten 2/3b, 17
Bedienung, die, -en 4/1a, 47
beginnen 5/3d, 67
begrüßen 1/1a, 1
Begrüßung, die, -en 1/1, 1
bei 2/3b, 17
beide 2/2e, 16
beim 5/3b, 67
Beispiel, das, -e 1/3b, 3
benutzen 8/7a, 116
berichten 6/Und Sie?, 85
Beruf, der, -e 2/6a, 20
besonders 6/9a, 85
beste *(sein bester Freund)* 7/2a, 98
Besteck, das, -e 6/5b, 82
bestimmt *(der bestimmte Artikel)* 3/2a, 34
Besuch, der, -e 5/3b, 67
besuchen 5/5b, 69
betont 2/5b, 19
Betreff, der, -s 7/6a, 101
bezahlen 8/5a, 114
Bild, das, -er 1/Vorhang auf, 7
bilden 2/2g, 16
billig 8/7a, 116
bis (1) *(von 0 bis 10)* 1/8c, 6
bis (2) *(von 15 bis 17 Uhr)* 5/4a, 68
bis bald 2/6a, 20

Maus, die, ¨e 3, 33
mein, meine 1/9d, 7
Menge, die, -n 6/2d, 80
Mensch, der, -en 8/7a, 116
Messer, das, – 6/5b, 82
Metal 7/2a, 98
Miete, die, -n 8/3b, 113
mieten *(eine Wohnung mieten)* 8/6a, 115
Mieter, der, – 8/6b, 115
Milch, die *(Sg.)* 4/3a, 49
Mineralwasser, das *(Sg.)* 5/7a, 71
Minipizza, die, -pizzen/-s 4/3a, 49
mir 5/5a, 69
mischen 3/3b, 34
mit 2/5a, 19
mitbringen, bringt mit 5/6e, 70
mitlesen, liest mit 1/5a, 4
mitmachen, macht mit 7/6a, 101
mitsprechen, spricht mit 1/5b, 4
Mittag, der, -e 5/3c, 67
Mittagessen, das, – 5/3b, 67
mittags 5/2f, 66
Mitteilung, die, -en 6/4a, 82
Mittwoch, der, -e 5/3b, 67
Möbel, die *(Pl.)* 8/7a, 116
möcht(en) 4/4a, 50
Modalverb, das, -en 7/5d, 100
modern 8/3a, 113
mögen, mag 6/9a, 85
Monat, der, -e *(Sie kostet 1000 Euro im Monat.)* 8/6a, 115
monatlich 8/8c, 117
Monitor, der, Monitore(n) 3/6a, 37
Montag, der, -e 5/3b, 67
Montagmorgen, der, – 6/7a, 90
morgen 4/2c, 48
Morgen, der, – 5/4a, 68
morgens 5/2f, 66
müde 4/2c, 48
Mund, der, ¨er 4/5a, 51
Musik, die *(Sg.)* 5/6a, 70
Müsli, das, -s 6/7a, 84
müssen, muss 7/5a, 100
Muster, das, – 2/2g, 16
Mutter, die, ¨ 7/1a, 97
na 4/8c, 53
nach (1) 2/Vorhang auf, 21
nach (2) *(Es ist fünf nach drei.)* 5/2d, 66
Nachbar, der, -n 8/3b, 113
Nachmieter, der, – 8/8a, 117
Nachmittag, der, -e 5/4a, 68
nachmittags 5/2f, 66
Nachricht, die, -en 2/6b, 20
nachsprechen, spricht nach 1/2b, 2
Nacht, die, ¨e 5/4a, 68
Nachtisch, der, -e 6/4a, 82
nachts 5/2f, 66
Name, der, -n 1/4b, 4
Nationalität, die, -en 2/5a, 19
natürlich 3/8b, 38
Nebenkosten, die *(Pl.)* 8/6a, 115
nehmen, nimmt 6/7a, 84
nein 2/2g, 16
nervös 7/8a, 102
nett 2/7a, 21
neu 2/3a, 17
neutrum 4/4b, 50
nicht 2/3c, 17
nicht mehr 7/2b, 98
nichts 6/Und Sie?, 84
nie 6/8b, 85
noch 4, 47

noch einmal 1/3d, 3
Nomen, das, – 3/1c, 33
Nominativ, der, -e 4/4b, 50
notieren 1/6a, 5
Notiz, die, -en 5/Und Sie?, 68
Nudel, die, -n 6/2d, 80
null 1/8c, 6
Nummer, die, -n 2/1b, 15
nummerieren 2/1a, 15
nur 6/7a, 84
Obst, das *(Sg.)* 4/3a, 49
oder (1) *(Lesen Sie oder schreiben Sie.)* 1/1b, 1
oder (2) *(Morgen arbeitest du nicht, oder?)* 4/2c, 48
offiziell 5/2b, 66
oft 6/7a, 84
oh 2/2g, 16
ohne 7/3b, 99
okay 6/4a, 82
Olivenöl, das, -e 6, 79
Oma, die, -s 7/1a, 97
Onkel, der, – 7/1a, 97
Opa, der, -s 7/1a, 97
Orange, die, -n 6/3, 81
orange 7/3b, 99
ordnen 2/3a, 17
Ordner, der, – 3/7a, 37
organisieren 7/2a, 98
Ort, der, -e 1/8b, 6
Österreich 1/6c, 5
Paar, das, -e *(Bilden Sie Paare.)* 2/2g, 16
Paar, das, -e *(Maria und Peter sind ein Paar.)* 8/Und Sie?, 116
packen 6/2e, 80
Packung, die, -en 6/2d, 80
Pantomime, die, -n 5/Vorhang auf, 71
Papa, der, -s 5/1b, 65
Paprika, die, -s 6, 79
parken 8/Vorhang auf, 117
Partner, der, – 7/Und Sie?, 99
Partnerinterview, das, -s 6/9b, 85
Party, die, -s 2/3, 17
passen 1/8a, 6
passend 7/8c, 103
passieren 5/2a, 66
Pause, die, -n 6/7a, 84
perfekt 8/7a, 116
Person, die, -en 1/4b, 4
Personalpronomen, das, – 1/3d, 3
Pferd, das, -e 7/2b, 98
Pilz, der, -e 6, 79
Pizza, die, Pizzen/-s 4/1c, 47
Pl. *(Plural)* 2/4c, 18
Platz, der, ¨e 8/3b, 113
Plural, der *(Sg.)* 4/7d, 52
Pole, der, -n 2/5a, 19
Polen 1/4b, 4
Polin, die, -nen 2/5a, 19
Polnisch 2/4a, 18
Pommes, die *(Pl.)* 7/3a, 99
Popcorn, das *(Sg.)* 5/7a, 71
Portugal 2/5b, 19
Portugiesisch 2/4a, 18
Position, die, -en 1/9b, 7
Possessivartikel, der, – 3/4c, 35
Poster, das, – 3/2a, 34
Post-it, das, -s 3/1a, 33
Postleitzahl, die, -en 1/8b, 6
Präteritum, das *(Sg.)* 7/8b, 102
Preis, der, -e 4/3d, 49
Preisliste, die, -n 4/3a, 49

privat 2/2b, 16
probieren 6/5d, 83
Problem, das, -e 2/1b, 15
prost 6/5b, 82
Quadratmeter, der, – 8/8a, 117
Radiergummi, der, -s 3/1a, 33
raten, rät 1/5c, 4
Ratespiel, das, -e 1/5c, 4
rauchen 8/6b, 115
Raum, der, ¨e 7/5a, 100
reagieren 3/3, 38
Reaktion, die, -en 3/6d, 37
Reihenfolge, die, -n 8/2b, 112
reinkommen, kommt rein 8/1c, 111
Reis, der *(Sg.)* 6, 79
reiten 7/2a, 98
renovieren 8/5a, 114
reparieren 7/Und Sie?, 101
Rhythmus, der, Rhythmen 1/5b, 4
richtig (1) *(Ja, richtig!)* 1/9d, 7
richtig (2) *(Ich habe richtig Hunger!)* 6/5b, 82
riechen 6/5b, 82
Rock, der, ¨e 7/2a, 98
rosa 7/2a, 98
rot 7/3b, 99
Rückseite, die, -n 3/3b, 34
Ruhe, die *(Sg.)* 8/7a, 116
ruhig 8/3a, 113
Rumänien 1/1b, 1
rund 4/5a, 51
Russisch 2/5c, 19
Saft, der, ¨e 4/3b, 49
sagen 1/6a, 5
Salat, der, -e 6, 79
Salatsoße, die, -n 6/5b, 82
sammeln 1/4c, 4
Samstag, der, -e 5/3b, 67
Samstagvormittag, der, -e 7/5a, 100
Satz, der, ¨e 1/7b, 5
Satzakzent, der, -e 8/8d, 117
Satzanfang, der, ¨e 1/9c, 7
Satzende, das, -n 7/6b, 101
Satzklammer, die, -n 7/6b, 101
Satzmelodie, die, -n 1/3e, 3
Schach, das *(Sg.)* 7/1c, 97
schade 7/8c, 103
Schere, die, -n 3, 33
Schild, das, -er 8/6c, 115
Schinkenbrötchen, das, – 4/3a, 49
Schirm, der, -e 3/4e, 35
schlafen, schläft 5/1a, 65
Schlafzimmer, das, – 8/2a, 112
Schlüssel, der, – 3/6a, 37
schmecken 6, 79
schneiden 6/5d, 83
schnell 3/8b, 38
Schnitzel, das, – 6/1b, 79
Schokolade, die, -n 6/9b, 85
schon 2/7a, 21
schön 4/5b, 51
schrecklich 7/8a, 102
schreiben 1/Und Sie?, 3
Schreibtisch, der, -e 3/6a, 37
Schule, die, -n 6/7a, 84
schwarz 3/6c, 37
schwer 2/4a, 18
Schwester, die, -n 7/1a, 97
sehen, sieht 5/5b, 69
sehr 2/7a, 21
sein (1), ist *(Pablo ist aus Spanien.)* 1/1b, 1
sein, (2) *(sein Beruf)* 7/2a, 98

Woche, die, -n 5/3b, 67
Wochenende, das, -n 5/6f, 70
Wochentag, der, -e 5/3b, 67
woher 1/4b, 4
wohnen 1/6a, 5
Wohngemeinschaft, die, -en 8/7a, 116
Wohnort, der, -e 1/Vorhang auf, 7
Wohnung, die, -en 8/1a, 111
Wohnungsanzeige, die, -n 8/8a, 117
Wohnungsbesichtigung, die, -en
    8/Vorhang auf, 117
Wohnungsgrundriss, der, -e
    8/Vorhang auf, 117
Wohnungstür, die, -en 8/1d, 111
Wohnzimmer, das, – 8/2a, 112
wollen, will 8/1c, 111
Wort, das, ̈er/-e 1/8c, 6
Wortakzent, der, -e 2/2f, 16
Wörterbuch, das, ̈er 2/7c, 21
Wunsch, der, ̈e 7/2a, 98
würfeln 4/2e, 48

Wurst, die, ̈e 6, 79
Zahl, die, -en 1/8c, 6
zahlen 4, 47
zählen 1/8c, 6
Zahlenpaar, das, -e 2/2g, 16
Zange, die, -n 3/3a, 34
Zeichen-Rätsel, das, – 3/5c, 36
zeichnen 8/Vorhang auf, 117
Zeichnung, die, -en 3/5e, 36
zeigen 3/7b, 37
Zeiger, der, – 5/2e, 66
Zeit, die, -en 5/5a, 69
Zeitschrift, die, -en 5/4a, 68
Zeitung, die, -en 5/5b, 69
zerschneiden 2/4d, 18
Zettel, der, – 2/2g, 16
ziehen, zieht 5/Und Sie?, 70
Ziffer, die, -n 2/2g, 16
Zimmer, das, – 8/2a, 112
Zitrone, die, -n 6/3, 81
zu (1) (zu den Bildern) 1/Vorhang auf, 7

zu (2) (zu zweit) 4/Und Sie?, 51
zu (3) (zu spät) 7/5a, 100
zu Besuch 5/3c, 67
zu Hause 3/6c, 37
Zucchini, die, -s 6, 79
Zucker, der (Sg.) 4/7a, 52
zuerst 5/7c, 71
zuhören, hört zu 1/3e, 3
zum (1) (zum Friseur gehen) 5/3c, 67
zum (2) (zum Frühstück) 6/7a, 84
zuordnen, ordnet zu 1/1b, 1
zur (1) (zur Kontrolle) 1/9d, 7
zur (2) (zur U-Bahn gehen) 6/7a, 84
zusammen 2/6a, 20
zusammenlegen, legt zusammen 2/4d, 18
zusammenpassen, passt zusammen
    2/4b, 18
zweit (zu zweit) 4/Und Sie?, 51
Zwei-Zimmer-Wohnung, die, -en 8/8a, 117
Zwiebel, die, -n 6, 79

Zahlen, Zeiten, Maße, Gewichte

Kardinalzahlen

1	eins	13	dreizehn	60	sechzig
2	zwei	14	vierzehn	70	siebzig
3	drei	15	fünfzehn	80	achtzig
4	vier	16	sechzehn	90	neunzig
5	fünf	17	siebzehn	100	(ein)hundert
6	sechs	18	achtzehn	101	(ein)hundert(und)eins
7	sieben	19	neunzehn	200	zweihundert
8	acht	20	zwanzig	213	zweihundertdreizehn
9	neun	21	einundzwanzig	1 000	(ein)tausend
10	zehn	30	dreißig	1 000 000	eine Million (-en)
11	elf	40	vierzig	1 000 000 000	eine Milliarde (-n)
12	zwölf	50	fünfzig		

Zeiten

1. Stunde und Uhrzeiten
Uhr, die, -en
Uhrzeit, die, -en
Stunde, die, -n
Viertelstunde, die, -n
Minute, die, -n
Sekunde, die, -n

2. Tag und Tageszeiten
Tag, der, -e — täglich
Morgen, der, – — morgens
Vormittag, der, -e — vormittags
Mittag, der, -e — mittags
Nachmittag, der, -e — nachmittags
Abend, der, -e — abends
Nacht, die, ¨e — nachts

3. Woche und Wochentage
Montag, der, -e — montags — Feiertag, der, -e
Dienstag, der, -e — dienstags — Festtag, der, -e
Mittwoch, der, -e — mittwochs — wöchentlich
Donnerstag, der, -e — donnerstags
Freitag, der, -e — freitags
Samstag/Sonnabend, der, -e — samstags/sonnabends
Sonntag, der, -e — sonntags

4. Monate
Januar — August
Februar — September
März — Oktober
April — November
Mai — Dezember
Juni
Juli — monatlich

5. Jahr und Jahreszeiten
Jahr, das, -e
Jahreszeit, die, -en
jährlich
Winter, der, –
Frühling, der, -e / Frühjahr, das, -e
Sommer, der, –
Herbst, der, -e

Maße und Gewichte

Zentimeter, der, – — cm
Meter, der, – — m — 1 m = 100 cm
Kilometer, der, – — km — 1 km = 1000 m
Quadratmeter, der, – — qm/m²

Liter, der, – — l

Gramm, das, – — g
Kilogramm, das, – — kg — 1 kg = 1000 g

Quellen

S. 6 0-5: Shutterstock.com (rebirth3d), 6-10: Shutterstock.com (tommaso lizzul);

S. 9 von links: Shutterstock.com (Paul Stringer), Shutterstock.com (SurangaSL), Shutterstock.com (Globe Turner), Shutterstock.com (charnsitr), Shutterstock.com (Globe Turner), Shutterstock.com (Globe Turner), Schweiz: pixelio.de, Deutschland: pixelio.de, Österreich: Lutz Rohrmann;

S. 11 6: Shutterstock.com (Antonio Guillem), 1: Shutterstock.com (Frederic Legrand), 2: Shutterstock.com (Gerardo Burgos Galindo), 3: Shutterstock.com (rook76), 4: Shutterstock.com (Featureflash);

S. 13 Annalisa Scarpa;

S. 17 von links: Shutterstock.com (EKS), Shutterstock.com (Vector), Shutterstock.com (Alexander Supertramp), Shutterstock.com (Bloom Design), Shutterstock.com (360b);

S. 19 Mann: Shutterstock.com (szefei);

S. 20 A: Fotolia.com (Tyler Olson);

S. 21 A: Fotolia.com (contrastwerkstatt), B: Fotolia.com (oneblink1);

S. 23 Nikola Lainović;

S. 24 Fotolia.com (WavebreakmediaMicro);

S. 25 von links: Shutterstock.com (Nadiia Gerbish), Shutterstock.com (Daniel M Ernst), Shutterstock.com (Dirima), Shutterstock.com (Daniel M Ernst), Shutterstock.com (ZouZou);

S. 26 von links: Shutterstock.com (Dmitry Kalinovsky), Shutterstock.com (Andresr), Shutterstock.com (OPOLJA), Shutterstock.com (Monkey Business Images);

S. 30 Mann: Shutterstock.com (vgstudio), Heidelberg: pixelio.de (Stefan R.), Karte: Shutterstock.com (AridOcean), Paar Shutterstock.com (wavebreakmedia);

S. 32 DACH-Karte: Shutterstock.com (AridOcean), Feuerwehr: Fotolia.com (macrovector); Haus: Fotolia.com (y2h);

S. 36 Tiere: Fotolia.com (virinaflora); Handy: Annalisa Scarpa;

S. 37 Hände: Annalisa Scarpa;

S. 40 A: iStockphoto (terex), Calgary, Alberta, B: Annalisa Scarpa, C: pixelio.de (Michaela Schöllhorn), D: pixelio.de (Klicker);

S. 41 1, 2, 3: Annalisa Scarpa, 4: Shutterstock.com (Oleksiy Mark), 5: Shutterstock.com (aliciahh), 6: Fotolia.com (viperagp);

S. 42 von links: Fotolia.com (sester 1848), pixelio.de (S. Geissler), pixelio.de (Günter Rehfeld), pixelio.de (birgitH);

S. 49 Icons: Fotolia.com (raven);

S. 51 Annalisa Scarpa;

S. 55 Mitte, von links: Clipdealer.de, Fotolia.com (yamix), Fotolia.com (vgstudio), pixelio.de (Tayfun Eser), pixelio.de (Thommy Weiss);

S. 57 Shutterstock.com (Tyler Olson);

S. 58 Shutterstock.com (wavebreakmedia);

S. 59 Shutterstock.com;

S. 61 A: Fotolia.com (lightwavemedia), B: Fotolia.com (Michael Schütze), C: Shutterstock.com (slasnyi), D: Fotolia.com (Alexey Rumyantsev);

S. 62 USB-Stick: Fotolia.com (Wylezich), Maus: Fotolia.com (pixelrobot), Wörterbuch: Fotolia.com (blazny), Heft: Fotolia.com (Wylezich), Kuli: Fotolia.com (notthoff), Lampe: Fotolia.com (Jisign), Cappuccino: Fotolia.com (Frank F. Haub), Brezel: Fotolia.com (pico), Apfelsaft: Fotolia.com (womue), Banane: Fotolia.com (bajinda), Wasser: Fotolia.com (Andrej Kuzmin), Brötchen: Fotolia.com (Jürgen Fälchle);

S. 64 1: Fotolia.com (spectral design), 3: Fotolia.com (beermedia.de), 4: Fotolia.com (Carmen Steiner), 5: Shutterstock.com (Deyan Georgiev), 7: Fotolia.com (Dudarev Mikhail), 8: Shutterstock.com (Luisa Fumi), 10: Fotolia.com (Schlierner), 11: Shutterstock.com (Nikolich), 12: Fotolia.com (Jürgen Fälchle), 14: Fotolia.com (Visual Concepts), 15: Shutterstock.com (ruzanna), 16: Fotolia.com (HandmadePictures), 17: Fotolia.com (Barbara Pheby), 18: Fotolia.com (womue);

S. 66 oben links: Annalisa Scarpa, Mitte: Lutz Rohrmann;

S. 69 Laura: Fotolia.com (Minerva Studio);

S. 71 Fotolia.com (klick);

S. 79 A: Fotolia.com (Yvonne Bogdanski), B: Fotolia.com (kab-vision), C: Fotolia.com (sil007), D: Fotolia.com (fineart-collection);

S. 80 oben, von links: pixelio.de (Tim Reckmann), pixelio.de (w.r.wagner), pixelio.de (w.r.wagner), pixelio.de (w.r.wagner), pixelio.de (Christa Nöhren), pixelio.de (Tim Reckmann), pixelio.de (Tim Reckmann), Mitte, von links: Fotolia.com (moritz), Fotolia.com (yamix), pixelio.de (Andreas Morlok), Fotolia.com (Ian 2010), Fotolia.com (VIPDesign), Shutterstock.com (Dmitry Kovtun), Fotolia.com (Natis), Fotolia.com (rdnzl), Fotolia.com (Denis Semenchenko);

S. 81 von oben links: Fotolia.com (GVictoria), pixelio.de (Tim Reckmann), Fotolia.com (Malyshchyts Viktar), Fotolia.com (Dionisvera), Fotolia.com (Dionisvera), Fotolia.com (mbongo), Fotolia.com (Markus Mainka), Fotolia.com (nattavut), Fotolia.com (andriigorulko), Fotolia.com (B. Wylezich), Fotolia.com (Viktor), Fotolia.com (bergamont), Fotolia.com (moritz), Fotolia.com (L.Bouvier), Fotolia.com (VRD), Fotolia.com (sil007), Fotolia.com (moritz);

S. 83 von links: Fotolia.com (Zlatan Durakovic), Fotolia.com (Alliance), Fotolia.com (Karin & Uwe Annas), Fotolia.com (kjekol);

S. 84 A: Fotolia.com (auremar), B: Shutterstock.com (TaisiyaL), C: Fotolia.com (Vera Kuttelvaserova), Mitte: Fotolia.com (Pictures news);

S. 86 von links: Fotolia.com (Markus Mainka), Fotolia.com (monticello), Fotolia.com (Jacek Chabraszewski), Fotolia.com (monticelllo), Fotolia.com (nattavut), Fotolia.com (tetxu), Fotolia.com (gavran333), Fotolia.com (yamix), Fotolia.com (eyetronic), Fotolia.com (Robert Kneschke), unten: Fotolia.com (stockphoto-graf);

S. 88 unten: Fotolia.com (virtua73);

S. 93 E: Fotolia.com (Tatyana Gladskih);

S. 94 A: Fotolia.com (PhotoSG), B: Fotolia.com (kab-vision), C: Fotolia.com (danielk), D: Fotolia.com (B. Wylezich), E: Fotolia.com (2mmedia), F: Fotolia.com (kaptn);

S. 95 1a: Fotolia.com (Barbara Pheby), 1b: Fotolia.com (Lsantilli), 1c: Fotolia.com (eyetronic), 2a: Fotolia.com (stockphoto-graf), 2b: Fotolia.com (Markus Mainka), 2c: Fotolia.com (PhotoSG);

S. 96 oben, alle: Fotolia.com (Adam Gregor), unten: Shutterstock.com (Adisorn Saovadee);

S. 97 unten Mitte: Fotolia.com (adam121), unten rechts: Fotolia.com (Budimir Jevtic);

S. 98/99 Michel: Fotolia.com (adam121), Ines: Fotolia.com (adam121);

S. 101 von links: Fotolia.com (Rahunoks), Fotolia.com (raptorcaptor), Fotolia.com (Photographee.eu), Fotolia.com (bilderstoeckchen), Fotolia.com (scaliger);

S. 102 D: Fotolia.com (clownbusiness);

S. 104 Mitte: Annalisa Scarpa;

S. 106/110 oben: Fotolia.com (M.R.), unten: Fotolia.com (Eric Isselée);

S. 109 Fotolia.com (Robert Kneschke);

S. 110 unten: Shutterstock.com (g-stockstudio);

S. 111 Haus: Annalisa Scarpa;

S. 112 A: Fotolia.com (Photographee.eu), B: Fotolia.com (Alterfalter), C: Fotolia.com (U. Brothagen), D: Annalisa Scarpa, E: Fotolia.com (Mihalis A.), F: Fotolia.com (alexandre zveiger);

S. 115 A: Fotolia.com (Rudie), B: Fotolia.com (madtom), C: Fotolia.com (Alexander Potapov), Mitte grün: Fotolia.com (Kumbabali), Mitte rot: Fotolia.com (T. Michel), unten, von links:, Fotolia.com (Marem), Fotolia.com (Atlantis), Fotolia.com (T. Michel), Fotolia.com (T. Michel), Fotolia.com (zweckdesign.com);

S. 116 A: Fotolia.com (contrastwerkstatt), B: Fotolia.com (contrastwerkstatt), C: Fotolia.com (JackF), D: Fotolia.com (Kzenon);

S. 117 oben A: Fotolia.com (fotoknips), B: Fotolia.com (niroworld), C: Fotolia.com (lorenzobovi), unten A: Fotolia.com (andreaskrone), B: Fotolia.com (Patrizia Tilly), C: Fotolia.com (Patrizia Tilly);

S. 119 Shutterstock.com (Marynenko);

S. 120 Haus: Fotolia.com (JSB), Monitor: Fotolia.com, Mann: Fotolia.com (goodluz), Frau: Fotolia.com (goodluz);

S. 121 A: Fotolia.com (Atlantis), B: Fotolia.com (T. Michel), C: Fotolia.com (Marem), D: Fotolia.com (T. Michel), E: Fotolia.com (matthias21), F: Fotolia.com (T. Michel), grün: Fotolia.com (zweckdesign.com), rot: Fotolia.com (T. Michel), Haus: Fotolia.com (Ch.Allg);

S. 124 Fotolia.com (JackF);

S. 125 Fotolia.com (Woodapple);

S. 126 unten: Fotolia.com (lucato);

S. 127 Shutterstock.com (Sergei Contsarov)

Video-Clips zu Linie 1

Scannen Sie den QR-Code und sehen Sie das Video zum Kapitel.

Kapitel 1

Kapitel 5

Kapitel 2

Kapitel 6

Kapitel 3

Kapitel 7

Kapitel 4

Kapitel 8

Die Rollen und die Darsteller

Eleni Dumitru: Jenny Roth
Pablo Puente: Benedikt Gradl
Ben Bieber: Helge Sturmfels
Frau Bergmann: Verena Schönhofer
Markus: Florian Marano
Lena: Christina Marano
Dennis: Bruno Marano

Kamera: Johann Büsen
Ton: Andreas Scherling
Musik: Annalisa Scarpa-Diewald (Tonstudio Plan 1)
Postproduktion: Andreas Scherling
Drehbuch und Regie: Theo Scherling
Zeichnungen: Theo Scherling
Produktion: Bild & Ton, München

Links

Onlinen-Übungen unter www.klett-sprachen.de/linie1/uebungenA1
Im Buch steht: www →A1/K1 Klicken Sie *Übungen A1 → Kapitel 1* an.
Besuchen Sie auch unsere Internet-Seite: www.klett-sprachen.de/linie1

Audiodateien zum Download unter www.klett-sprachen.de/linie1/audioA1   Code: L1-a1&Sa
Videodateien zum Download unter www.klett-sprachen.de/linie1/videoA1   Code: L1-a1&dv
Arbeitsanweisungen in vielen Sprachen unter www.klett-sprachen.de/linie1/arbeitsanweisungenA1

Kurssprache

Das sagt der Lehrer / die Lehrerin:

 Lesen Sie.

 Sprechen Sie.

 Hören Sie.

 Schreiben Sie. / Notieren Sie.

 Markieren Sie.

 Ordnen Sie zu.

 Verbinden Sie.

 Ergänzen Sie.

 Unterstreichen Sie.

 Kreuzen Sie an.

Das sagen Sie:

Wie heißt das auf Deutsch?

Wie schreibt man das?

Können Sie das bitte wiederholen?

Wie spricht man das aus?

Ich verstehe das nicht.

Ich habe eine Frage.

Im Kursraum

 das Buch

 das Heft

 das Blatt

 der Radiergummi

 der Kuli

 der Marker

 der Bleistift

 der Spitzer